쓰면서 익히는
중국어
간체자

이지랭기지 스터디 엮음

550

정진출판사

머리말

중국어는 전 세계에서 가장 많은 인구가 사용하는 언어이다. 중국 본토는 물론 동남아시아, 유럽 그리고 미국 등 해외 각지의 화교 사회에서 여러 방언으로 사용되고, 중국어를 모국어로 사용하는 인구도 10억이 넘는다.

중국어는 한자가 간략화된 간체자를 사용한다. 중국어를 학습하기 어려운 데에는 크게 두 가지의 이유가 있다. 첫째는, 그 수가 엄청나게 많다는 것이다. 간체자는 총 5만 개가 넘으며, 자주 쓰이는 문자만 해도 3~4천 개 정도나 된다. 둘째는, 획수가 많다. 한자의 간체화 후에도, 상용자의 획수는 평균적으로 여전히 약 8획보다 많다. 초보 학습자들은 종종 글자 하나하나 무턱대고 외우고 기계적으로 암송하기 때문에 중국어를 학습하는 효율성은 낮고, 쓰기를 할 때 종종 틀리며, 어떤 때에는 웃긴 글자를 새로 만들어내기도 한다.

이 책은 그러한 초보자들이 즐겨 볼 수 있는 방식을 시도했고, 비교적 짧은 시간 내에 550개의 가장 기본적인 간체자를 배울 수 있도록 했다. 초보자들에게 가장 효과적인 학습 방법은 각 글자를 풀이할 때 재미있는 설명을 더 해주거나 연상시켜서 기억하게 해주는 방법이다.

예를 들면, '不' 자는 아랫부분의 '小'를 한 마리의 작은 새, 윗부분의 '一'을 하늘이라 상상하여, 새가 높이 올라가 돌아오지 '아니하다'라는 의미를 추측해 보고, '画' 자는 가운데 '田'을 한 폭의 그림으로 상상하고, 현재 액자에 끼워 넣고 있다고 생각해 보자.

이런 독창적인 '설문해자'를 이용해서, 재미있고 황당하며 일반적으로 맞지 않는 문자학이지만, 중국어 입문자의 학습용으로 사용하기에는 실용적이고 생생하게 기억할 수 있도록 몹시 애썼다. 중국어를 학습하는 데 있어 이 책을 통해 더 쉽게 간체자를 습득하길 바랄 뿐이다.

한자에 대해서

한자는 약 5,000년 전에 중국의 고대 황제의 사관(史官)이었던 창힐(蒼頡)이 새와 짐승의 발자국을 보고 처음으로 만들었다고 하는 설과 상왕조(商王朝) 후반 권력자들이 길흉을 점치기 위해 거북이의 등뼈에 글자를 새겼다는 갑골문에서 유래한다는 설이 널리 알려져 있다. 그러나 이 중 창힐이 만들었다는 설은 거의 전설로만 받아들여지고 있으며 갑골문에서 유래한다는 설이 정설로 인정되고 있다.

갑골문에서 출발한 한자는 이후 오랜 세월을 거쳐 중국 민족에 의해 발달을 거듭하여 현재와 같은 글자 모양으로 완성되었으며, 한국과 일본을 비롯한 동북아시아에서 없어서는 안 될 중요한 문자로 자리잡게 되었다.

중국에서는 시대의 흐름에 따라 새로운 한자들이 많이 생겨났지만 상당수의 한자는 다양하고 많은 획으로 이루어져 있어 쓰기에 복잡했다. 그래서 현대의 학자들은 문맹의 퇴치와 보다 간편하고 정확한 정보 전달을 위해서 꾸준히 한자의 간략화 작업을 시도하였다. 그 결과 《강희자전(康熙字典)》에 42,174자가 실려 있던 실용한자가 1952년에 출판된 《국음자전(國音字典)》에서는 10,503자를 참고한 약 1만자로 축소되었다.

간체자에 대해서

지금부터 우리가 공부하려는 '간체자(簡體字)' 역시 한자의 간략화 과정에서 생겨난 자체(字體)로 몇 가지 원칙에 따라서 한자의 획수를 줄인 것이다. 오늘날 중국에서 국가 공인의 정규 문자로 사용되는 것이 바로 '간체자'인데 공식 문서를 비롯한 신문·교과서 등 모든 출판물에 이 간체자를 사용하고 있다. 간체자에 반하여 우리가 사용하고 있는 간화하지 않은 전통적인 자체의 한자, 즉 정자(正字)는 '번체자(繁體字)'라고 한다. 번체자는 주로 학문적 사용 또는 심미적 목적으로 제한되고 있다.

간체자의 간화방식

- 줄이거나 붙이는 등 필획에 변화를 준다.　　　　　黄 (黃 huáng 황)
- 이체자(同音·同意이나 자형이 다른 字)를 묶는다.　系 (系 xì 계)
- 필획의 특징적인 부분만 남긴다.　　　　　　　　声 (聲 shēng 성)
- 복잡한 부분을 형성자(形聲字)로 바꾼다.　　　　　灯 (燈 dēng 등)
- 초서체를 해서화한다.　　　　　　　　　　　　　书 (書 shū 서)
- 복잡한 부분은 간단한 회의자(會意字)로 바꾼다.　体 (體 tǐ 체)
- 간단한 동음자(同音字)로 번체자를 대신한다.　　　斗 (鬪 dòu 투)
- 간화된 편방[部首]을 기준으로 간화한다.　　　　　车 (→库·轮·载)

한자의 일반적인 필순

- 왼쪽에서 오른쪽으로 쓴다.
- 위에서 아래로 쓴다.
- 가로획과 세로획이 겹칠 때는 가로획을 먼저 쓴다.
- 삐침과 파임이 만날 때는 삐침을 먼저 쓴다.
- 좌우가 대칭일 때는 가운데를 먼저 쓴다.
- 둘러싼 모양으로 된 자는 바깥쪽을 먼저 쓴다.
- 글자 전체를 꿰뚫는 획은 나중에 쓴다.
- 오른쪽 위에 점 있는 글자는 점을 나중에 찍는다.
- 책받침(辶)은 나중에 쓴다.
- 받침 중에서도 '走·是' 등은 먼저 쓴다.

儿 →	ノ 儿
车 →	一 𠃋 𣥂 车
去 →	一 十 土 去 去
从 →	ノ 人 𠆢 从
水 →	亅 冫 氵 水
国 →	丨 冂 冂 冃 国 国 国
中 →	丶 口 口 中
书 →	乛 乛 书 书
还 →	一 丆 オ 不 不 还 还
起 →	土 キ 走 走 起 起 起

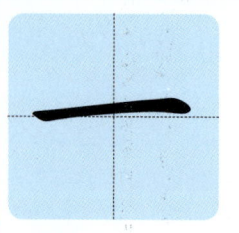

yī [이]

하나(1)

Tip 一 가장 간단한 한자.
선 하나, 또는 손가락 하나를 펴서 '하나'를 나타냄.

상용어휘
一定	yídìng [이띵]	반드시, 꼭
一共	yígòng [이꿍]	모두, 전부, 합계
一点儿	yìdiǎnr [이디얼]	약간, 조금
一会儿	yíhuìr [이휘얼]	잠시, 곧

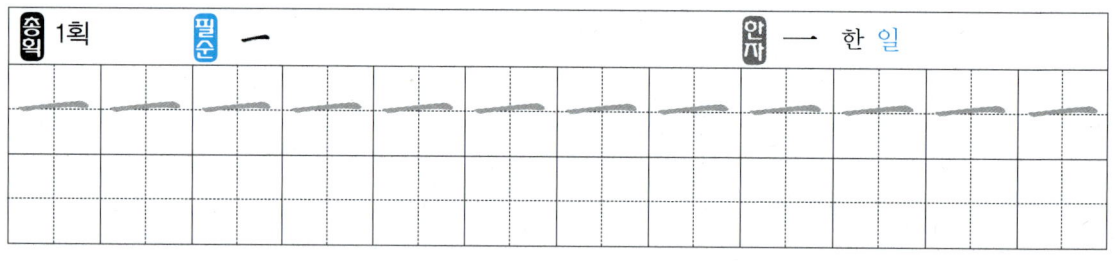

총획 1획　필순 一　안자 一 한 일

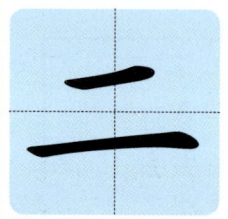

èr [얼]

둘(2)

Tip 一 두 손가락, 또는 두 선을 그어 '둘'을 나타냄.
一 아래 가로획은 위 가로획보다 조금 더 긺.

상용어휘
二日	èr rì [얼르]	2일
十二月	Shí'èryuè [스얼위에]	12월
星期二	Xīngqī'èr [씽치얼]	화요일
数一数二	shǔyī-shǔ'èr [슈이슈얼]	뛰어나다, 손꼽히다

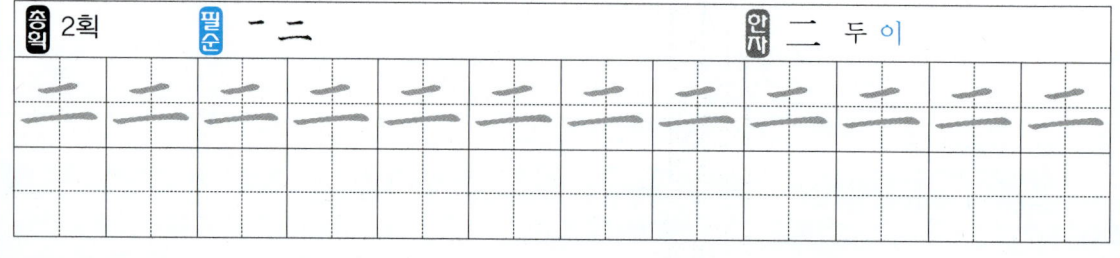

총획 2획　필순 一 二　안자 二 두 이

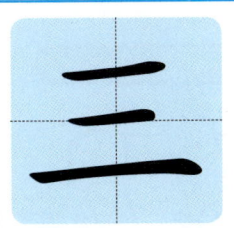

sān [싼]

셋(3)

 三 가로 그은 세 획으로써 '셋'이라는 뜻을 나타냄.
三 중간 가로획은 짧고, 아래 가로획은 긺.

상용어휘
三角	sānjiǎo [싼지아오]	삼각
三年	sān nián [싼니엔]	3년
三月	Sānyuè [싼위에]	3월
星期三	Xīngqīsān [씽치싼]	수요일

총획 3획　**필순** 一 二 三　**한자** 三 석 삼

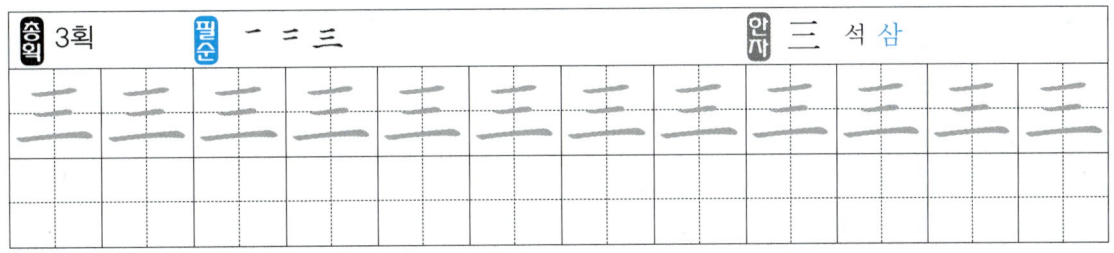

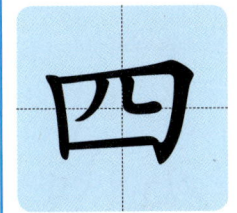

sì [쓰]

넷(4)

  二와 二의 합침, 또는 네 손가락을 편 모양에서 '넷'을 나타냄. '四'자의 가운데는 '八'자와 비슷함.

상용어휘
四季	sìjì [쓰찌]	사계, 춘하추동(春夏秋冬)
四月	Sìyuè [쓰위에]	4월
星期四	Xīngqīsì [씽치쓰]	목요일
四面八方	sìmiàn-bāfāng [쓰미엔빠팡]	사방팔방, 방방곡곡

총획 5획　**필순** 丨 冂 冂 四 四　**한자** 四 넉 사

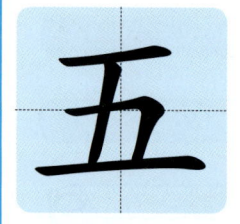

wǔ [우]

다섯(5)

 둘[二]에 셋[三]을 어울려 '다섯'을 나타냄.

상용어휘
五日	wǔ rì [우르]	5일
五个月	wǔ ge yuè [우거위에]	5개월
星期五	Xīngqīwǔ [씽치우]	금요일
五星红旗	Wǔxīng Hóngqí [우씽홍치]	오성홍기

총획 4획 | 필순 一 ㄒ 五 五 | 한자 五 다섯 오

五 五 五 五 五 五 五 五 五 五 五 五 五

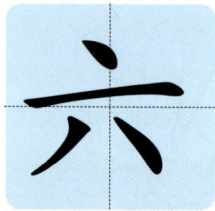

liù [리우]

여섯(6)

 두 손의 손가락을 세 개씩 펴 서로 맞댄 모양에서 '여섯'을 가리킴. '六'자는 좌우 대칭임.

상용어휘
六书	liùshū [리우슈]	육서(六書)
六月	Liùyuè [리우위에]	6월
六个月	liù ge yuè [리우거위에]	6개월
星期六	Xīngqīliù [씽치리우]	토요일

총획 4획 | 필순 ㆍ 亠 六 六 | 한자 六 여섯 육

六 六 六 六 六 六 六 六 六 六 六 六 六

8

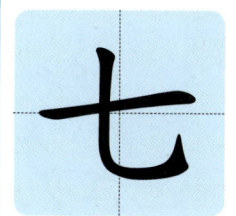

qī [치]

일곱(7)

 七 다섯 손가락을 위로 펴고 나머지 손의 두 손가락을 옆으로 편 모양에서 '일곱'을 나타냄.

상용어휘			
七夕	qīxī	[치씨]	칠석, 음력 7월 7일 밤
七月	Qīyuè	[치위에]	7월
七个月	qī ge yuè	[치거위에]	7개월
七上八下	qīshàng-bāxià	[치샹빠씨아]	안절부절하다

총획 2획 / 필순 一七 / 안자 七 일곱 칠

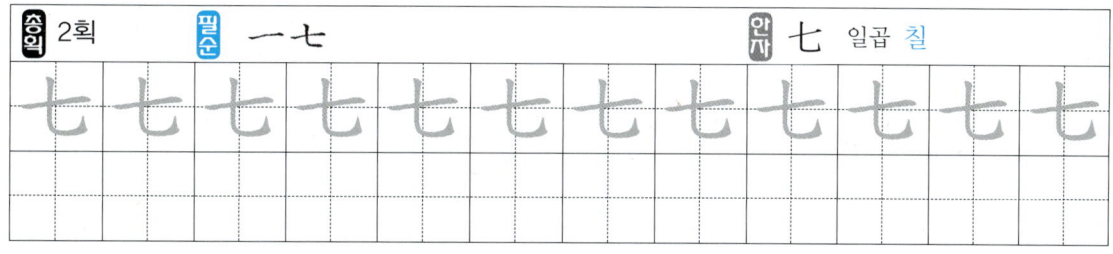

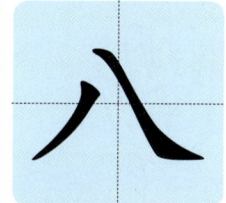

bā [빠]

여덟(8)

  두 손의 네 손가락을 펴서 서로 등지게 한 모양에서 '여덟'을 가리킴.

상용어휘			
八方	bāfāng	[빠팡]	팔방
八十	bāshí	[빠스]	팔십(80)
八月	Bāyuè	[빠위에]	8월
八个月	bā ge yuè	[빠거위에]	8개월

총획 2획 / 필순 丿八 / 안자 八 여덟 팔

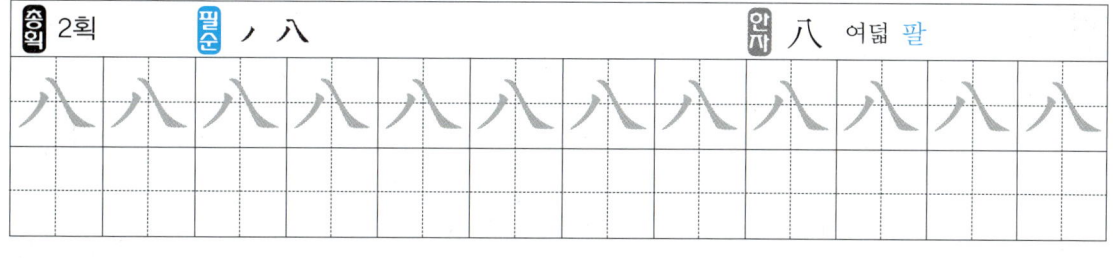

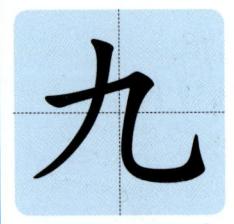

jiǔ [지우]

아홉(9)

Tip 九 열[十]에서 가로획을 구부려 하나[一] 적은 '아홉'을 가리킴.

상용어휘
九年	jiǔ nián [지우니엔]	9년
九天	Jiǔtiān [지우티엔]	가장 높은 하늘, 구중천(九重天)
九月	Jiǔyuè [지우위에]	9월
重九	Chóngjiǔ [총지우]	중양절(重阳节), 음력 9월 9일

총획 2획　**필순** ノ 九　　**안자** 九 아홉 구

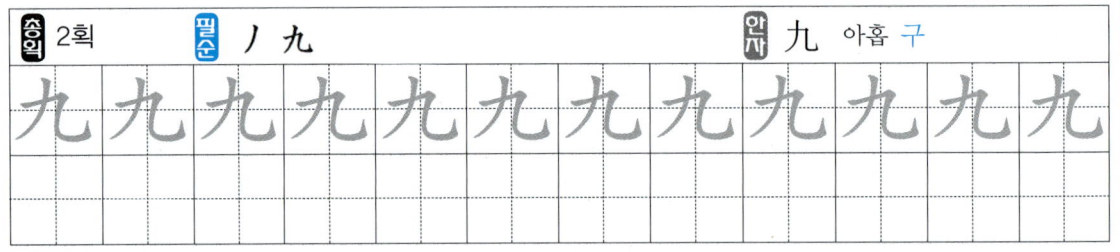

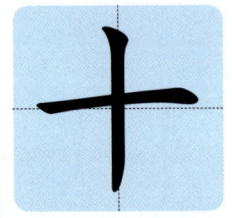

shí [스]

열(10)

Tip 十 다섯 손가락씩 있는 두 손을 엇걸어 '열'을 가리킨 글자.
'十' 자는 교회 건물 위에 있는 십자가와 모양이 같음.

상용어휘
十分	shífēn [스펀]	매우, 아주
十年	shí nián [스니엔]	10년
十月	Shíyuè [스위에]	10월
十字路口	shízì lùkǒu [스쯔루코우]	사거리

총획 2획　**필순** 一 十　　**안자** 十 열 십

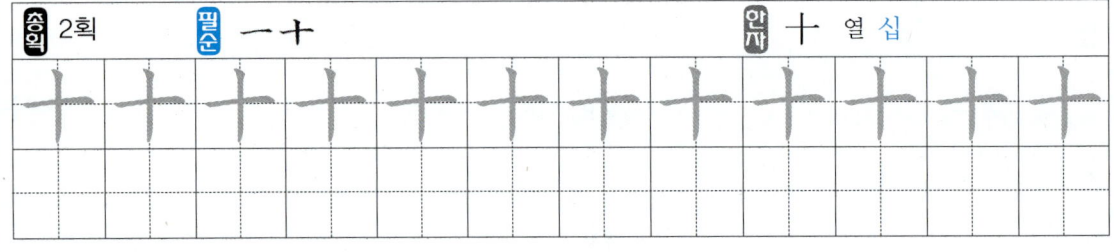

日

rì [르]

날, 일, 태양

Tip '해'의 모양을 본뜬 글자.

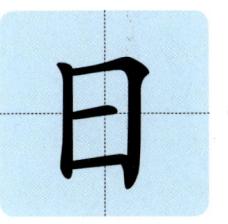

상용어휘		
日本	Rìběn [르번]	일본
日常	rìcháng [르창]	일상의, 평소의
日期	rìqī [르치]	(특정한) 날짜, 기간
星期日	Xīngqīrì [씽치르]	일요일

총획 4획　　**필순** 丨 冂 日 日　　**안자** 日 날/해 일

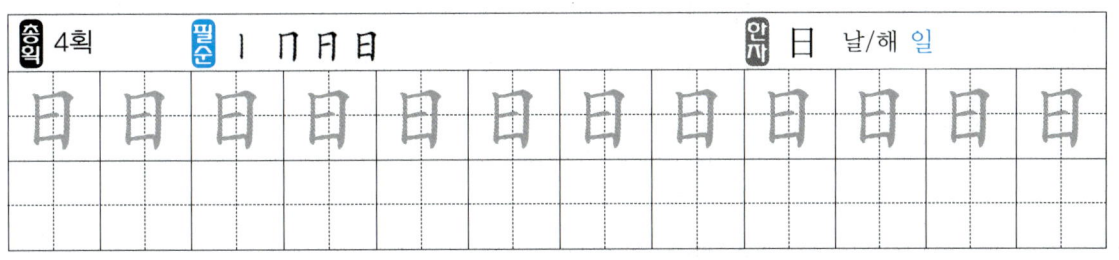

月

yuè [위에]

월, 달

Tip '달'의 모양을 본뜬 글자.

상용어휘		
月饼	yuèbǐng [위에빙]	월병
月亮	yuèliang [위에리앙]	달
月末	yuèmò [위에모]	월말
蜜月	mìyuè [미위에]	밀월, 허니문

총획 4획　　**필순** 丿 冂 月 月　　**안자** 月 달 월

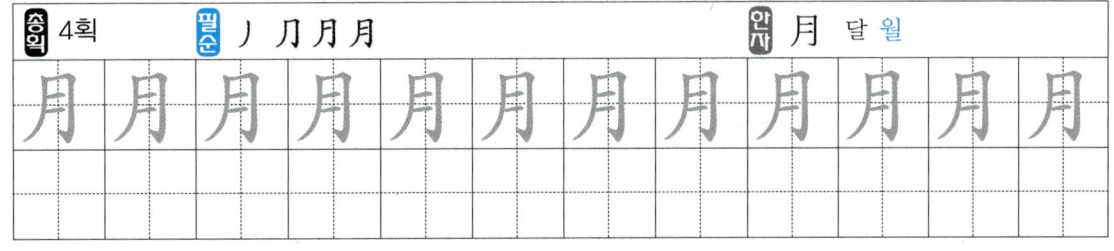

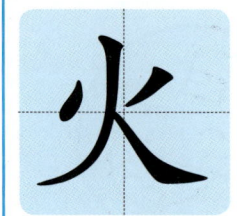

huǒ [훠]

불

Tip  '불'이 활활 타오르는 모양을 본뜬 글자.

상용어휘
火车	huǒchē [훠쳐]	기차
放火	fànghuǒ [팡훠]	방화(放火)하다, 불을 지르다
开火	kāihuǒ [카이훠]	발포하다, 개전(開戰)하다
停火	tínghuǒ [팅훠]	휴전(休戰)하다, 불을 끄다

총획 4획 | 필순 丶丷少火 | 한자 火 불 화

火 火 火 火 火 火 火 火 火 火 火 火

shuǐ [쉐이]

물

Tip '물'이 흐르는 모양을 본뜬 글자.

상용어휘
水果	shuǐguǒ [쉐이궈]	과일, 과실
水力	shuǐlì [쉐이리]	수력
水平	shuǐpíng [쉐이핑]	수평, 수준
洪水	hóngshuǐ [홍쉐이]	홍수

총획 4획 | 필순 亅㇉才水 | 한자 水 물 수

水 水 水 水 水 水 水 水 水 水 水 水

木

mù [무]

나무

Tip 木 '나무'의 모양을 본뜬 글자.
위쪽은 가지이고, 아래쪽은 뿌리를 나타냄.

상용어휘
木板	mùbǎn [무반]	나무판, 널빤지
木材	mùcái [무차이]	목재
木工	mùgōng [무꽁]	목수, 목공
树木	shùmù [슈무]	나무, 수목

총획 4획　**필순** 一 十 才 木　**한자** 木 나무 목

木 木 木 木 木 木 木 木 木 木 木 木 木

金

jīn [찐]

쇠, 금(gold)

Tip 金 오랜 세월에 걸쳐 지금[△←今(이제 금)]에 이르기까지
흙[土]에 덮여 있는 광석[丷]의 하나인 '금'을 뜻함.

상용어휘
金额	jīn'é [찐으어]	금액
金钱	jīnqián [찐치엔]	금전, 돈
金属	jīnshǔ [찐슈]	금속
金鱼	jīnyú [찐위]	금붕어

총획 8획　**필순** 丿 人 人 今 今 余 余 金　**한자** 金 쇠 금 / 성 김

金 金 金 金 金 金 金 金 金 金 金 金 金

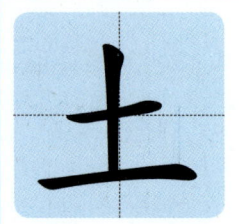

tǔ [투]

흙

 土 땅 위의 흙덩이 모양을 본뜬 글자로, '흙'의 뜻을 나타냄.

상용어휘
土地	tǔdì [투띠]	땅, 토지
土木	tǔmù [투무]	토목, 토목 공사
土壤	tǔrǎng [투랑]	토양, 흙
土人	tǔrén [투런]	토착인, 토박이

총획 3획 필순 一 十 土 한자 土 흙 토

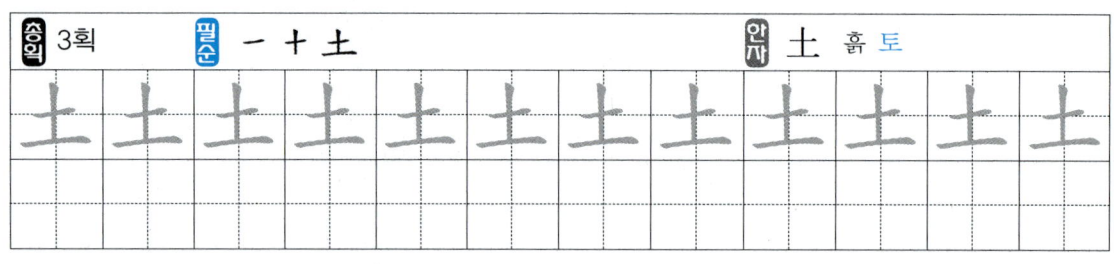

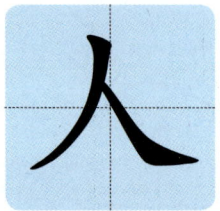

rén [런]

사람

  '사람'이 팔을 벌리고 서 있는 옆모습을 본뜬 글자.

상용어휘
人工	réngōng [런꽁]	인위적인, 인공의
人口	rénkǒu [런코우]	인구
主人	zhǔrén [쥬런]	주인
人民币	rénmínbì [런민삐]	인민폐, 런민비

총획 2획 필순 丿 人 한자 人 사람 인

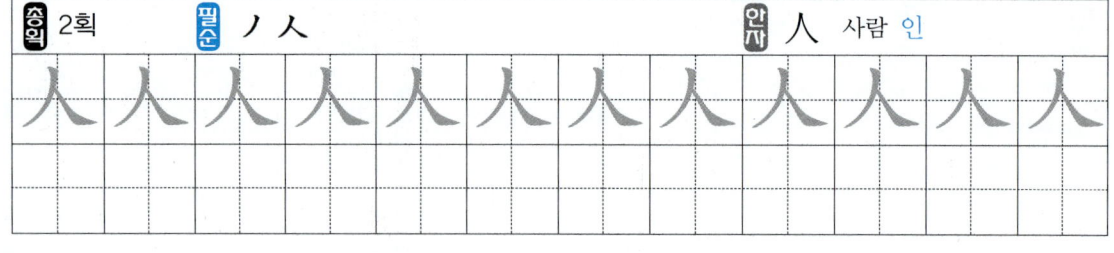

tóu [토우]

머리

Tip '大'는 사람의 형상이고, 점 두 개[ㆍ]는 머리의 위치를 나타냄.

상용어휘			
	头发	tóufa [토우파]	머리카락
	头脑	tóunǎo [토우나오]	두뇌, 머리
	头疼	tóuténg [토우텅]	두통, 머리가 아프다
	点头	diǎntóu [디엔토우]	머리를 끄덕이다

총획 5획 필순 丶ㆍ二头头 한자 頭 머리 두

头 头 头 头 头 头 头 头 头 头 头 头 头

shǒu [쇼우]

손

Tip 다섯 개의 손가락과 손바닥, 그리고 팔목을 본떠 '손' 을 나타냄.

상용어휘			
	手表	shǒubiǎo [쇼우비아오]	손목시계
	手段	shǒuduàn [쇼우똰]	수단, 방법
	手机	shǒujī [쇼우찌]	휴대폰
	洗手间	xǐshǒujiān [시쇼우찌엔]	화장실

총획 4획 필순 一二三手 한자 手 손 수

手 手 手 手 手 手 手 手 手 手 手 手 手

 zú [주]

발, 족하다

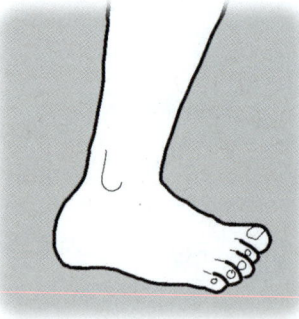

Tip 사람의 발과 발목 부분의 모양을 본떠 '발'을 나타낸 글자.

상용어휘
足吃	zúchī [주츠]	배불리 먹다
足够	zúgòu [주꼬우]	충분하다, 만족하다
足迹	zújì [주찌]	발자취, 족적
足见	zújiàn [주찌엔]	충분히 알 수 있다

총획 7획　**필순** ㇐ 丨 ㇆ 口 𠁼 㐄 足足　**안자** 足 발 족

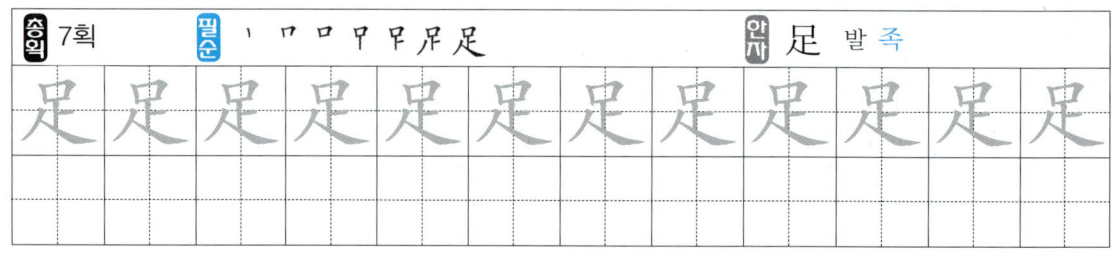

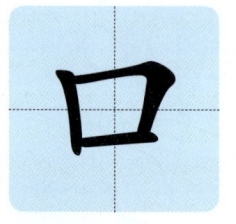 kǒu [코우]

입

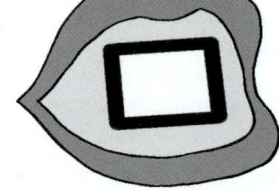

Tip '입'의 모양을 본뜬 글자.

상용어휘
口袋	kǒudài [코우따이]	주머니
口气	kǒuqì [코우치]	어조, 말투
口头	kǒutóu [코우토우]	구두
口语	kǒuyǔ [코우위]	구어

총획 3획　**필순** 丨 ㇆ 口　**안자** 口 입 구

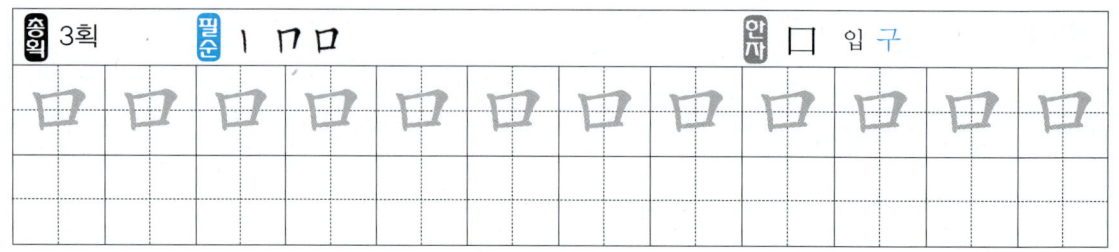

耳

ěr [얼]

귀

Tip 耳 사람의 '귀' 모양을 본뜬 글자.

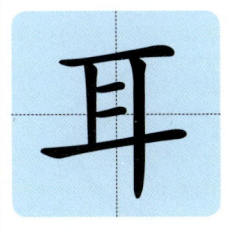

상용어휘
耳朵	ěrduo [얼뚜오]	귀
耳聋	ěrlóng [얼롱]	귀가 먹다, 청력이 감퇴하다
耳目	ěrmù [얼무]	귀와 눈, 이목, 견문
耳顺	ěrshùn [얼슌]	귀에 거슬리지 않다, 60세

총획 6획　**필순** 一丆丆丆下耳耳　**안자** 耳 귀 이

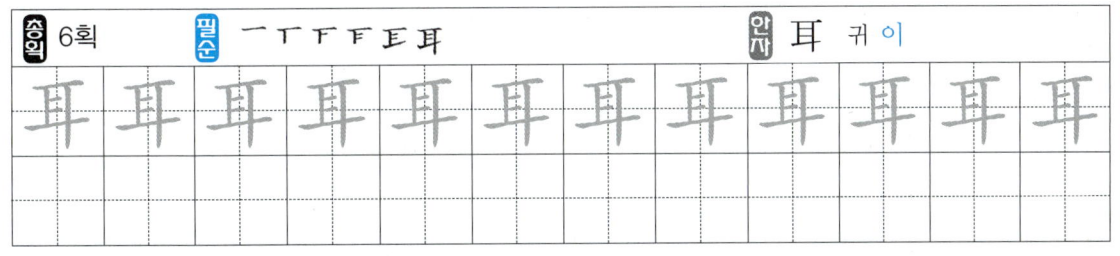

鼻

bí [비]

코

Tip 鼻 본디 코를 뜻했던 '自'에 흡입해 준다[畀]는 글자를 덧붙여 '코'의 뜻으로 쓰게 됨.

상용어휘
鼻孔	bíkǒng [비콩]	콧구멍
鼻毛	bímáo [비마오]	코털
鼻音	bíyīn [비인]	비음, 콧소리
鼻子	bízi [비즈]	코

총획 14획　**필순** 自 鸟 鸟 阜 畠 鼻 鼻　**안자** 鼻 코 비

17

 yǎn [옌]

눈

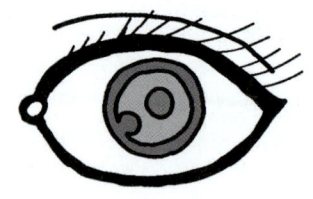

Tip 眼망울[目]이 일정한 정도까지[艮]만 구르며 움직이는 모양에서 '눈'의 뜻이 됨.

상용어휘			
眼光	yǎnguāng	[옌꽝]	눈길, 시선, 안목
眼界	yǎnjiè	[옌찌에]	시야, 견문
眼镜	yǎnjìng	[옌찡]	안경
眼睛	yǎnjing	[옌징]	눈

총획 11획 필순 目 目ˊ 目ˊ 目ˊ 目ˊ 眼 眼 眼   안자 眼 눈 안

 máo [마오]

털, 깃

Tip 사람의 머리털이나 짐승의 꼬리, 새의 깃털 모양을 본뜬 글자.

상용어휘			
毛笔	máobǐ	[마오비]	붓
毛病	máobìng	[마오뼁]	고장, 결함
毛线	máoxiàn	[마오씨엔]	털실
皮毛	pímáo	[피마오]	사람의 피부와 모발, 모피

총획 4획 필순 ノ ニ 三 毛   안자 毛 터럭 모

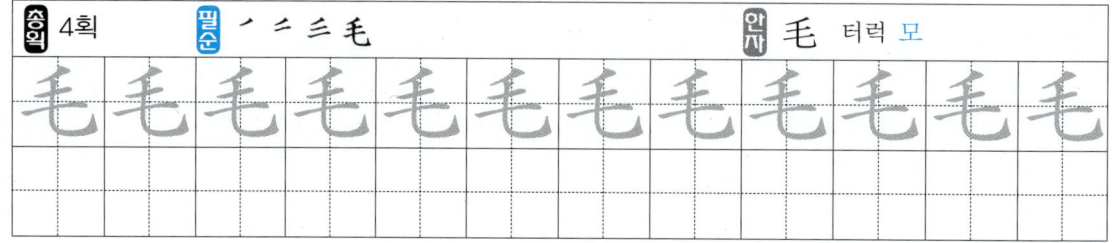

发

fā, fà [파]

발생하다, 생기다, 머리카락

Tip '发'와 '友'을 혼동하지 않도록 주의할 것.

상용어휘
发烧	fāshāo [파샤오]	열이 나다
发现	fāxiàn [파씨엔]	발견하다, 알아차리다
发音	fāyīn [파인]	발음, 소리를 내다
发展	fāzhǎn [파쟌]	발전하다

총획 5획 　**필순** ノ ナ ヶ 发 发 　**안자** 發 필발 / 髮 터럭 발

发 发 发 发 发 发 发 发 发 发 发 发 发

东

dōng [똥]

동쪽

Tip 아침 해가 나무에 걸려 있는 모양을 본떠 해 뜨는 '동쪽'을 나타냄.

상용어휘
东北	dōngběi [똥베이]	동북쪽
东边	dōngbiān [똥삐엔]	동쪽
东南	dōngnán [똥난]	동남쪽
东西	dōngxi [똥씨]	물건

총획 5획 　**필순** 一 𠂉 车 车 东 　**안자** 東 동녘 동

东 东 东 东 东 东 东 东 东 东 东 东 东

西

xī [씨]

서쪽

Tip 저물 무렵에 새가 둥우리를 찾아들어 앉는 모양을 본떠, 해가 지는 쪽인 '서쪽'을 뜻하게 됨.

상용어휘
西北	xīběi [씨베이]	서북쪽
西边	xībiān [씨삐엔]	서쪽
西餐	xīcān [씨찬]	양식, 서양 요리
西方	xīfāng [씨팡]	서쪽

총획 6획 　 필순 一 丆 丙 丙 西 西 　 한자 西 서녘 서

南

nán [난]

남쪽

Tip 초목은 남쪽으로 갈수록 [羊] 그 가지가 점점 무성해진다는 [㕯(무성할 발)] 데서 '남쪽'의 뜻이 됨.

상용어휘
南北	nánběi [난베이]	남쪽과 북쪽, 남북
南方	nánfāng [난팡]	남쪽
南极	Nánjí [난지]	남극
南京	Nánjīng [난징]	난징, 남경

총획 9획 　 필순 一 十 广 内 内 南 南 南 南 　 한자 南 남녘 남

北

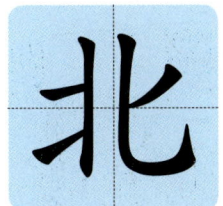

běi [베이]

북쪽

Tip 두 사람이 서로 등을 맞대고 서 있는 모양을 본떠, 남쪽과 등진 '북쪽'의 뜻이 됨.

상용어휘
北边	běibiān [베이삐엔]	북쪽
北方	běifāng [베이팡]	북쪽, 북방
北头	běitou [베이토우]	북쪽 끝, 북쪽 가장자리
北半球	běibànqiú [베이빤치우]	북반구

총획 5획 **필순** ㅣ ㅓ ㅗ ㅗ 北 **한자** 北 북녘 북 / 달아날 배

前

qián [치엔]

앞

Tip 배가 물을 가르며[刂] 앞[月]으로 나간다 하여 '앞'을 뜻하게 됨.

상용어휘
前后	qiánhòu [치엔호우]	앞과 뒤, 전후
前面	qiánmiàn [치엔미엔]	앞, 전면
前天	qiántiān [치엔티엔]	그저께
以前	yǐqián [이치엔]	이전

총획 9획 **필순** ㆍ ㆍ 广 广 前 前 前 **한자** 前 앞 전

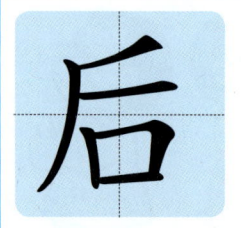

hòu [호우]

뒤

Tip 보기에 B와 조금 비슷하며, '뒤쪽'을 나타냄.

상용어휘	后代	hòudài [호우따이]	후대, 후세
	后天	hòutiān [호우티엔]	모레
	后退	hòutuì [호우퉤이]	뒤로 물러나다, 후퇴하다
	以后	yǐhòu [이호우]	이후

총획 6획   필순 一厂厂斤后后   한자 後 뒤 후

后 后 后 后 后 后 后 后 后 后 后 后 后

zuǒ [주오]

왼쪽

Tip 목수가 왼손[ナ]에 공구[工(자 또는 공구의 모양)]를 들고 일하는 모양에서 '왼쪽'을 나타냄.

상용어휘	左边	zuǒbiān [주오삐엔]	왼쪽, 좌측
	左面	zuǒmiàn [주오미엔]	좌측
	左手	zuǒshǒu [주오쇼우]	왼손
	左右	zuǒyòu [주오요우]	왼쪽과 오른쪽, 내외, 쯤

총획 5획   필순 一ナ大左左   한자 左 왼 좌

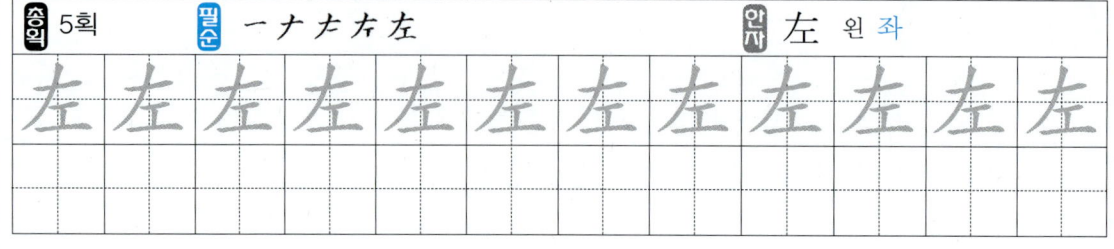

yòu [요우]

오른쪽

 말[口]과 함께 곧 움직여 돕는 손[ナ]은 '오른쪽' 손이라는 뜻.

상용어휘		
右边	yòubiān [요우삐엔]	오른쪽, 우측
右面	yòumiàn [요우미엔]	오른쪽
右手	yòushǒu [요우쇼우]	오른손
右翼	yòuyì [요우이]	우익, 우군

총획 5획 　필순 ノ ナ 才 右 右 　한자 右 오른 우

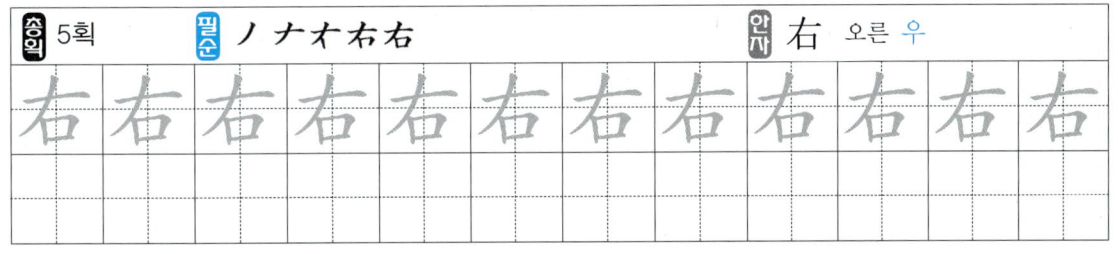

shàng [상]

위

  기준선[一] 윗부분에 점[·]을 표시하여 '위'라는 뜻을 나타냄.

상용어휘		
上课	shàngkè [샹커]	수업하다
上网	shàngwǎng [샹왕]	인터넷을 하다
上午	shàngwǔ [샹우]	오전
上学	shàngxué [샹쉐]	등교하다

총획 3획 　필순 ㅣ 卜 上 　한자 上 위 상

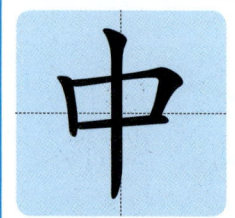

zhōng, zhòng [쫑]

중간

 中 물건[口]의 한가운데를 작대기로 꿰뚫은[丨] 모양에서 '가운데'를 뜻하게 됨.

상용어휘	中国	Zhōngguó [쫑궈]	중국
	中间	zhōngjiān [쫑찌엔]	중간, 중앙, 한가운데
	中午	zhōngwǔ [쫑우]	정오, 낮 12시 전후
	打中	dǎzhòng [다쫑]	명중시키다, 명중하다

총획 4획 필순 丨 口 口 中 한자 中 가운데 중

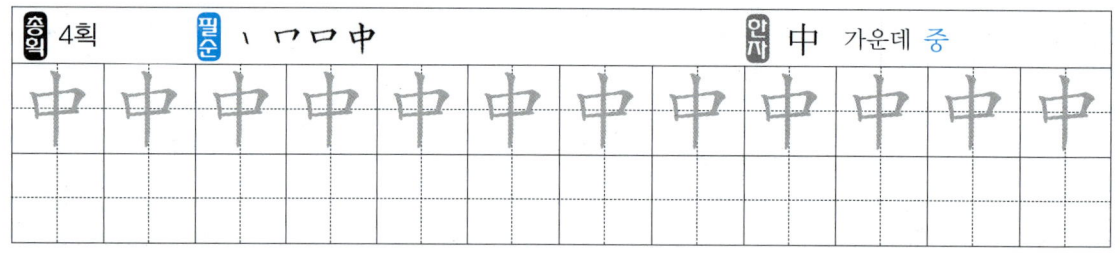

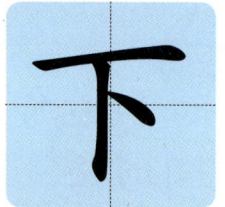

xià [씨아]

아래

Tip 下 일정한 기준선[一] 아래에 점[·]을 찍어서 '아래'를 나타냄.

상용어휘	下班	xiàbān [씨아빤]	퇴근하다, 근무 시간이 끝나다
	下课	xiàkè [씨아커]	수업이 끝나다, 수업을 마치다
	下面	xiàmiàn [씨아미엔]	아래, 밑
	下午	xiàwǔ [씨아우]	오후

총획 3획 필순 一 丅 下 한자 下 아래 하

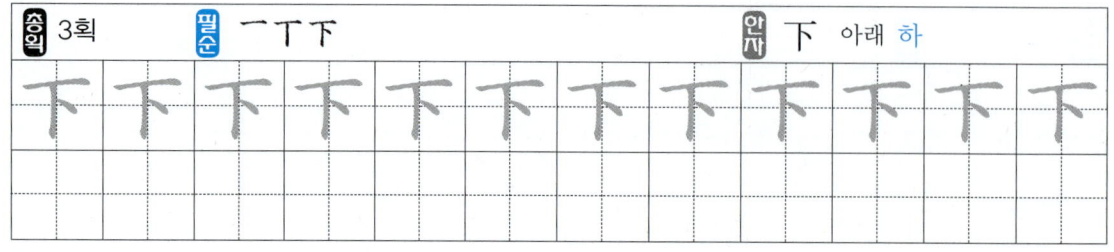

nèi [네이]

안

Tip 内 빈[冂] 곳에 들어가면[入] '안'이 됨.

상용어휘
内部	nèibù [네이뿌]	내부
内地	nèidì [네이띠]	내륙
内容	nèiróng [네이롱]	내용
国内	guónèi [궈네이]	국내

 4획   丨 冂 内 内   안자 內 안 내

wài [와이]

바깥

Tip 外 저녁[夕]에 점[卜]을 치는 것은 관례에 벗어난다 하여 '밖'을 뜻하게 됨.

상용어휘
外国	wàiguó [와이궈]	외국
外交	wàijiāo [와이찌아오]	외교
外语	wàiyǔ [와이위]	외국어
海外	hǎiwài [하이와이]	해외, 외국, 국외

 5획   ノ 夕 夕 外 外   안자 外 바깥 외

花

huā [화]

꽃

Tip 풀잎[艹]이 변화하여[化] '꽃'이 된다는 뜻.

상용어휘
花草	huācǎo [화차오]	화초
花费	huāfei [화페이]	경비, 쓴 돈
花钱	huā qián [화치엔]	돈을 쓰다, 소비하다
花园	huāyuán [화위엔]	화원

총획 7획   **필순** 一 十 艹 艹 艺 花 花   **한자** 花 꽃 화

草

cǎo [차오]

풀

Tip 이른[早] 봄에 돋아나는 풀[艹]의 모양에서 '풀', '처음'의 뜻이 됨.

상용어휘
草地	cǎodì [차오띠]	잔디(밭), 초지, 초원
草写	cǎoxiě [차오씨에]	초서, 필기체
草野	cǎoyě [차오예]	초야, 민간
草原	cǎoyuán [차오위엔]	초원, 풀밭

총획 9획   **필순** 一 艹 艹 芢 芢 苩 莒 草   **한자** 草 풀 초

鸟

niǎo [니아오]

새

Tip  꽁지가 긴 '새'의 모양을 본뜬 글자.

상용어휘			
	鸟类	niǎolèi [니아오레이]	조류
	鸟枪	niǎoqiāng [니아오치앙]	새총
	鸟儿	niǎor [니아올]	새
	鸟食	niǎoshí [니아오스]	새 모이

총획 5획　필순 ′ ⺈ ⺈ 鸟 鸟　　안자 鳥 새 조

鸟 鸟 鸟 鸟 鸟 鸟 鸟 鸟 鸟 鸟 鸟 鸟

鱼

yú [위]

물고기

Tip 머리[⺈], 몸통[田], 지느러미[一] 등 물고기의 모양을 본뜬 글자로, '물고기', '생선'을 뜻함.

상용어휘			
	鱼卵	yúluǎn [위루안]	물고기알, 어란
	鱼肉	yúròu [위로우]	어육
	钓鱼	diào yú [띠아오위]	낚시하다
	美人鱼	měirényú [메이런위]	인어

총획 8획　필순 ⺈ ⺈ 乌 乌 甪 鱼 鱼　　안자 魚 고기 어

鱼 鱼 鱼 鱼 鱼 鱼 鱼 鱼 鱼 鱼 鱼 鱼

mǎ [마]

말

 옛 글자는 '말'의 형상과 비슷함.
말의 갈기와 꼬리[马], 그리고 네 다리[一]의 모양을 본뜬 글자.

상용어휘

马车	mǎchē [마쳐]	마차
马路	mǎlù [마루]	대로, 큰길
马上	mǎshàng [마상]	곧, 즉시
骑马	qí mǎ [치마]	말을 타다

총획 3획 필순 ㄱ 马 马 한자 馬 말 마

马 马 马 马 马 马 马 马 马 马 马 马 马

jī [찌]

닭

 새[鸟]의 종류로는 유달리 배가 큰[又] '닭'을 나타내는 글자.

상용어휘

鸡雏	jīchú [찌츄]	병아리, 영계
鸡蛋	jīdàn [찌단]	계란, 달걀
鸡肉	jīròu [찌로우]	닭고기
属鸡	shǔ jī [슈찌]	닭띠

총획 7획 필순 フ又ヌ'ヌ勹ヌ勹 鸡鸡 한자 鷄 닭 계

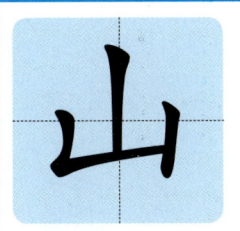 shān [산]
산

 '산'의 모양을 본뜬 글자.

상용어휘
山地	shāndì [샨띠]	산지, 산간지대
山峰	shānfēng [샨펑]	산봉우리, 산봉
河山	héshān [허샨]	하천과 산, 강산
江山	jiāngshān [찌앙샨]	강산

총획 3획　필순 丨 山 山　　　　　　　　　안자 山 메 산

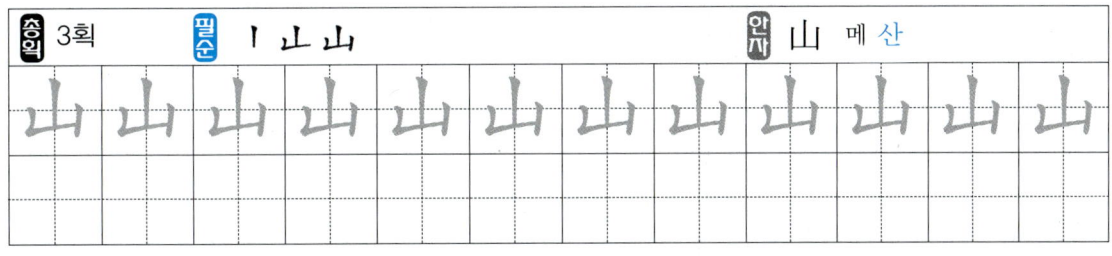

 hé [허]
강, 하천

  물[氵]이 막혔던 숨이 터지듯[可(숨이 터지는 형상)] 세차게 흐르는 모양에서 '물', '내'의 뜻이 됨.

상용어휘
河岸	hé'àn [허안]	강변, 강가, 강기슭
河北	Héběi [허베이]	허베이성(河北省)
河流	héliú [허리우]	하류, 강의 흐름
黄河	Huánghé [황허]	황허(黃河)

총획 8획　필순 丶 丶 氵 氵 汀 沪 河 河　　안자 河 물 하

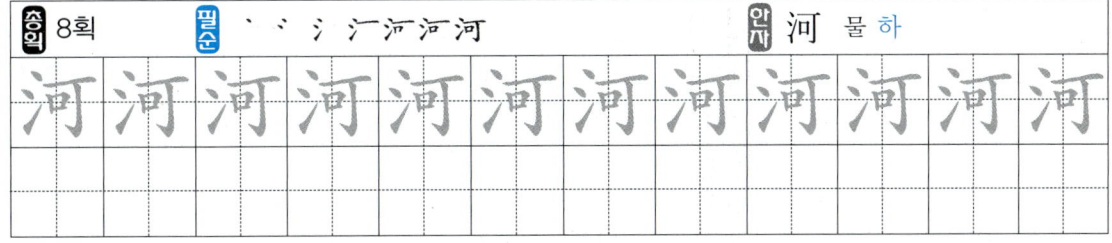

江

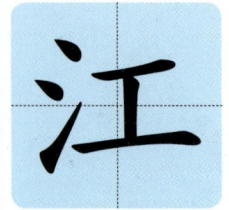

jiāng [찌앙]

강

Tip 굽이굽이 흐르는 물[氵]에 의해 만들어진 강의 모양 [工]에서 '강'의 뜻이 됨.

상용어휘
江河	jiānghé [찌앙허]	강, 하천
江南	Jiāngnán [찌앙난]	양쯔장(扬子江) 하류 이남의 지역
江山	jiāngshān [찌앙샨]	강산
长江	Chángjiāng [창찌앙]	창장(长江), 양쯔장(扬子江)

총획 6획 　필순 丶丶氵汀江江　　안자 江 강 강

海

hǎi [하이]

바다

Tip 여러 갈래[每]의 물[氵] 줄기가 모여 이루어진 '바다'를 뜻함.

상용어휘
海军	hǎijūn [하이쮠]	해군
海外	hǎiwài [하이와이]	해외, 외국, 국외
海洋	hǎiyáng [하이양]	해양
大海	dàhǎi [따하이]	큰 바다, 대해

총획 10획　필순 丶丶氵氵汇汇海海　　안자 海 바다 해

tiān [티엔]

하늘

Tip  사람[大(사람의 모양)]의 머리 위에 있는 것[一]은, 곧 '하늘'이라는 뜻.

상용어휘
天才	tiāncái [티엔차이]	천재, 타고난 재능
天地	tiāndì [티엔띠]	천지, 하늘과 땅
天空	tiānkōng [티엔콩]	하늘, 공중
天气	tiānqì [티엔치]	날씨, 일기

총획 4획   필순 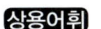 一 二 チ 天   암자 天 하늘 천

dì, de [띠, 더]

땅

Tip 땅[土]의 모양이 뱀이 사리고 있는 것[也(뱀의 모양)] 같이 꾸불꾸불 이어져 있다는 데서 '땅'을 뜻하게 된 글자.

상용어휘
地方	dìfang [띠팡]	장소, 곳
地铁	dìtiě [띠티에]	지하철
地图	dìtú [띠투]	지도
地址	dìzhǐ [띠즈]	주소, 소재지

총획 6획   필순 一 十 土 圠 圳 地   암자 地 땅 지

shí [스]

돌

 언덕[厂] 아래 뒹굴고 있는 돌덩이[口]의 모양을 본뜬 글자로, '돌', '단단하다'의 뜻.

상용어휘

石头	shítou	[스토우]	돌, (가위바위보에서의) 바위
石油	shíyóu	[스요우]	석유
宝石	bǎoshí	[바오스]	보석
化石	huàshí	[화스]	화석

총획 5획 필순 一ﾉ厂ｽ石石 안자 石 돌 석

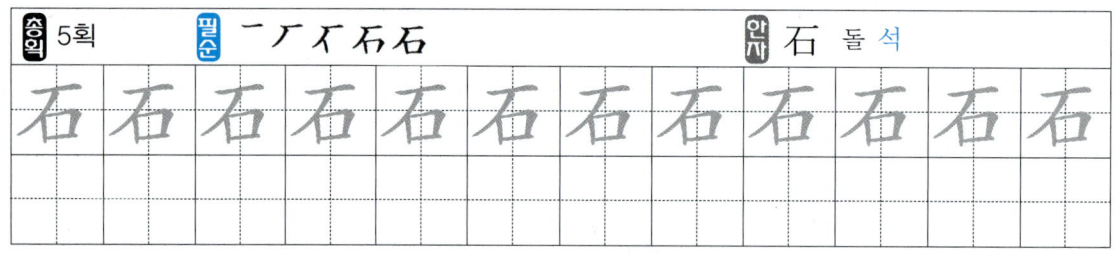

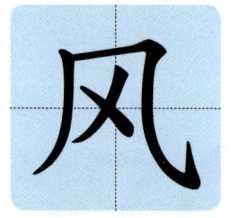

fēng [펑]

바람

 번체자는 '風'으로 벌레[虫]는 바람[凡(물체를 스쳐가는 바람 형상)]의 영향을 많이 받는다는 데서 '바람'을 뜻함.

상용어휘

风光	fēngguāng	[펑광]	풍경, 경치, 풍광
风力	fēnglì	[펑리]	풍력
风俗	fēngsú	[펑수]	풍속
台风	táifēng	[타이펑]	태풍

총획 4획 필순 ノ几风风 안자 風 바람 풍

云

yún [윈]

구름

Tip 雲 구름이 피어오르는 모양을 본뜬 글자로, '구름', '말하다'의 뜻.

상용어휘
云海	yúnhǎi [윈하이]	운해, 구름바다
云集	yúnjí [윈지]	운집하다, 구름같이 모여들다
云母	yúnmǔ [윈무]	운모
云天	yúntiān [윈티엔]	높은 하늘

총획 4획 필순 一二云云 한자 雲 구름 운 / 云 이를 운

雨

yǔ [위]

비

Tip 雨 하늘을 덮은 구름에서 물방울이 떨어지는 모양을 본뜬 글자.

상용어휘
雨季	yǔjì [위찌]	우계, 우기
雨量	yǔliàng [위리앙]	비의 양, 강우량
雨伞	yǔsǎn [위싼]	우산
下雨	xià yǔ [씨아위]	비가 내리다

총획 8획 필순 一冂币币雨雨雨雨 한자 雨 비 우

xuě [쉐]

눈

Tip 비[雨]가 얼어 흩날리며 내리는 하얀 눈을 비[ㅋ]로 쓰는 모양에서 '눈'의 뜻을 나타냄.

상용어휘
雪天	xuětiān [쉐티엔]	눈 내리는 날
雪景	xuějǐng [쉐징]	설경, 눈이 내리는 경치
雪原	xuěyuán [쉐위엔]	설원, 눈이 뒤덮인 들판
下雪	xià xuě [씨아쉐]	눈이 내리다

총획 11획 필순 一ㄏ炚炚炚雲雪雪 안자 雪 눈 설

xīng [씽]

별

Tip   환한 햇빛[日]처럼 밝은 빛으로 반짝이는[生] 별의 모양에서 '별', '천체'의 뜻이 됨.

상용어휘
星期	xīngqī [씽치]	요일, 주, 주일
星星	xīngxing [씽씽]	별
歌星	gēxīng [꺼씽]	유명 가수
卫星	wèixīng [웨이씽]	위성

총획 9획 필순 丨日日旦早星星 안자 星 별 성

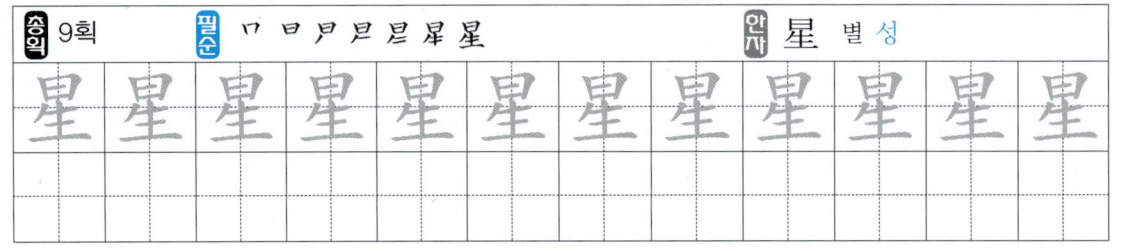

34

男

nán [난]

남자

Tip 男 밭[田]에 나가 힘써[力] 일하는 '사나이', '남자'를 뜻함.

상용어휘
男女	nánnǚ [난뉘]	남녀, 남성과 여성
男人	nánrén [난런]	남자, 남성
男性	nánxìng [난씽]	남자, 남성
男子	nánzi [난즈]	남자, 남성

총획 7획　**필순** ㇐ 丨 曰 日 田 男 男　**안자** 男　사내 남

男 男 男 男 男 男 男 男 男 男 男 男

女

nǚ [뉘]

여자

Tip 𠨰 무릎을 꿇고 그 위에 손을 얹고 앉아 있는 '여자'의 모습을 본뜬 글자.

상용어휘
女儿	nǚ'ér [뉘얼]	딸
女孩	nǚhái [뉘하이]	여자아이
女人	nǚrén [뉘런]	여자, 여성
女子	nǚzi [뉘즈]	여자, 여성

총획 3획　**필순** 𡿨 𡿩 女　**안자** 女　계집 녀

女 女 女 女 女 女 女 女 女 女 女 女

老

lǎo [라오]

늙다, 오래되다

Tip 허리가 굽은 '늙은이'가 지팡이를 짚고 서 있는 모양을 본뜬 글자.

상용어휘
老虎	lǎohǔ [라오후]	범, 호랑이
老年	lǎonián [라오니엔]	노년, 노령
老人	lǎorén [라오런]	노인
老师	lǎoshī [라오스]	선생님

총획 6획　**필순** 一 十 土 耂 耂 老　**안자** 老 늙을 로

少

shǎo, shào [샤오]

적다, 어리다

Tip 작은[小] 것의 일부가 끊어져[丿] 그 양이 더욱 줄은 모양에서 '적다'의 뜻이 됨.

상용어휘
少数	shǎoshù [샤오슈]	소수
多少	duōshǎo / duōshao [뚜오샤오]	많고 적음, 조금 / 얼마, 몇
少年	shàonián [샤오니엔]	소년
少女	shàonǚ [샤오뉘]	소녀

총획 4획　**필순** 丨 丶 小 少　**안자** 少 적을 소

fù [푸]

아버지

Tip 손에 회초리를 들고 있는 모양을 본떠, 아이들을 가르치는 '아버지'를 나타냄.

상용어휘			
父母	fùmǔ	[푸무]	부모
父亲	fùqīn	[푸친]	부친, 아버지
伯父	bófù	[보푸]	백부, 큰아버지
祖父	zǔfù	[주푸]	조부, 할아버지

총획 4획 　필순 ノ ハ グ 父 　한자 父 아비 부

mǔ [무]

어머니

Tip 여자[女]의 좌우 유방[]을 나타내어 아이에게 젖을 먹여 기르는 '어머니'를 나타냄.

상용어휘			
母爱	mǔ'ài	[무아이]	모성애
母亲	mǔqīn	[무친]	모친, 어머니
母校	mǔxiào	[무씨아오]	모교
父母	fùmǔ	[푸무]	부모

총획 5획 　필순 ㄴ ㄱ 母 母 母 　한자 母 어미 모

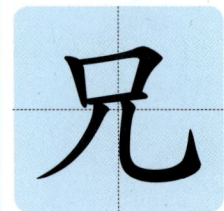

xiōng [씨옹]

형, 오빠

 兄 아우를 입[口]으로 타이르는 사람[儿]이라는 데서 '형', '오빠'라는 뜻을 나타냄.

상용어휘
兄弟	xiōngdì [씨옹띠]	형과 아우, 형제
兄嫂	xiōngsǎo [씨옹사오]	형수
兄长	xiōngzhǎng [씨옹쟝]	형, 형님
胞兄	bāoxiōng [빠오씨옹]	친형, 친오빠

총획 5획 필순 ヽ 冂 口 尸 兄 안자 兄 형 형

dì [띠]

아우

  막대에 가죽끈을 차례로 내리감은 모양에서, 형제의 순서에서 아래인 '아우'의 뜻을 나타냄.

상용어휘
弟弟	dìdi [띠디]	남동생
弟子	dìzǐ [띠즈]	제자
小弟	xiǎodì [씨아오띠]	동생, 막냇동생
兄弟	xiōngdì [씨옹띠]	형과 아우, 형제

총획 7획 필순 ヽ ヽ ヽ ヽ 当 弟 弟 안자 弟 아우 제

jiě [지에]

언니, 누나

 姐 '且(qiě)'는 음을 나타내고, '女'는 '여자'라는 뜻을 나타냄.

상용어휘
姐弟	jiědì [지에띠]	오누이
姐姐	jiějie [지에지에]	언니, 누나
姐妹	jiěmèi [지에메이]	자매, 언니와 여동생
小姐	xiǎojiě [씨아오지에]	아가씨, 젊은 여자

총획 8획　**필순** ㄑ ㄠ ㄠ ㄠ丨 ㄠ日 ㄠ日 ㄠ日 姐　**안자** 姐 누이 저

mèi [메이]

여동생

 妹 아직 철이 나지 않은[未] 누이[女]를 가리키는 글자로, '여동생'이라는 뜻을 나타냄.

상용어휘
妹妹	mèimei [메이메이]	여동생
弟妹	dìmèi [띠메이]	남동생과 여동생
小妹	xiǎomèi [씨아오메이]	(막내) 누이동생, 여동생
兄妹	xiōngmèi [씨옹메이]	오누이

총획 8획　**필순** ㄑ ㄠ ㄠ ㄠ˧ ㄠ丰 ㄠ未 妹　**안자** 妹 누이 매

bà [빠]

아빠

 위쪽은 '아버지[父]'라는 뜻을 나타내고, 아래쪽 '巴(bā)'는 음을 나타냄.

상용어휘
爸爸　bàba [빠바]　　아빠, 아버지
后爸　hòubà [호우빠]　계부, 의붓아버지

총획 8획　**필순** ノ ハ ク 父 父 爷 爷 爸　**한자** 爸 아비 파

爸	爸	爸	爸	爸	爸	爸	爸	爸	爸	爸	爸

fū [푸]

지아비, 남편

  상투에 동곳[一]을 꽂은 사람[大(사람 모양)]은 장가든 사내라 하여 '지아비', '남편'의 뜻이 됨.

상용어휘
夫妇　fūfù [푸푸]　부부
夫妻　fūqī [푸치]　부부
大夫　dàifu [따이푸]　의사
丈夫　zhàngfu [쨩푸]　남편

총획 4획　**필순** 一 二 夫 夫　**한자** 夫 지아비 부

夫	夫	夫	夫	夫	夫	夫	夫	夫	夫	夫	夫

妈

mā [마]

엄마

Tip 媽 '马(mǎ)'는 음을 나타내고, '女'는 '여자'라는 뜻을 나타냄.

상용어휘
妈妈	māma [마마]	엄마, 어머니
大妈	dàmā [따마]	백모(伯母), 큰어머니
姑妈	gūmā [꾸마]	(기혼의) 고모
后妈	hòumā [호우마]	계모, 의붓어머니

총획 6획　　필순 ㄑ ㄨ 女 女⁷ 妈 妈　　안자 媽 어미 마

哥

gē [꺼]

형, 오빠

Tip 哥 어린 동생이 항상 '형(오빠)'을 '可可(kěkě)'라고 부르는 것을 생각해 볼 것.

상용어휘
哥儿	gēr [껄]	형제
哥哥	gēge [꺼거]	형, 오빠
大哥	dàgē [따꺼]	맏형, 장형
二哥	èrgē [얼꺼]	둘째형

총획 10획　　필순 一 丁 гʼ 굣 可 可 可² 哥　　안자 哥 호칭 가

dà, dài [따, 따이]

크다

Tip  어른이 팔다리를 크게 벌리고 서 있는 모습에서 '크다'의 뜻이 됨.

상용어휘
大概	dàgài [따까이]	대개, 대략적인
大家	dàjiā [따찌아]	모두, 다들
大学	dàxué [따쉐]	대학
大夫	dàifu [따이푸]	의사

총획 3획　필순 一ナ大　　　　　　안자 大 큰 대

tài [타이]

크다, 높다, 너무 ~하다

Tip 크다는 뜻의 글자[大]에 점[丶]을 찍어 더 큼을 나타낸 글자.

상용어휘
太后	tàihòu [타이호우]	태후
太阳	tàiyáng [타이양]	태양, 해
太子	tàizi [타이즈]	황태자
太极拳	tàijíquán [타이지취엔]	태극권

총획 4획　필순 一ナ大太　　　　　안자 太 클/처음 태

小

xiǎo [씨아오]

작다

Tip 川 작은 점[丶] 셋을 합친 글자로, 물건의 '작은' 모양을 본뜸. 또는 흙을 헤치고[八] 나온[亅] 싹이 '작다'는 뜻.

상용어휘
小姐	xiǎojiě [씨아오지에]	아가씨, 젊은 여자
小心	xiǎoxīn [씨아오씬]	조심하다, 주의하다
小学	xiǎoxué [씨아오쉐]	초등학교, 소학교
小孩儿	xiǎoháir [씨아오할]	애, 어린아이

총획 3획 | 필순 亅 小 小 | 한자 小 작을 소

轻

qīng [칭]

가볍다

Tip 輕 물줄기[조]같이 구불거리고 좁은 길을 수레[车]가 빠르게 달리는 모양에서 '가볍다', '가뿐하다'는 뜻이 됨.

상용어휘
轻便	qīngbiàn [칭삐엔]	간편하다, 편리하다
轻视	qīngshì [칭스]	경시하다, 무시하다
轻重	qīngzhòng [칭쭝]	무게, 중량
减轻	jiǎnqīng [지엔칭]	경감하다, 줄다, 감소하다

총획 9획 | 필순 一 ㄷ 车 轻 轻 轻 轻 | 한자 輕 가벼울 경

zhòng, chóng [쭝, 총]

무겁다, 다시

Tip '重'은 '千'과 '里'를 합친 글자 모양으로, 물건을 들고 천 리를 가면 '무겁다'는 뜻을 알게 됨.

상용어휘
重大	zhòngdà [쭝따]	중대하다, 무겁고 크다
重视	zhòngshì [쭝스]	중요시하다
重要	zhòngyào [쭝야오]	중요하다
重复	chóngfù [총푸]	반복하다, 되풀이하다, 중복되다

총획 9획　　필순 一 二 千 千 舌 肓 重 重　　안자 重 무거울 중

gāo [까오]

높다

Tip 성의 망루 모양을 본뜬 글자로, 높은 건물을 뜻하다가 단순히 '높다'의 뜻이 됨.

상용어휘
高低	gāodī [까오띠]	높이, 고저
高级	gāojí [까오지]	고급(의), 상급(의)
高兴	gāoxìng [까오씽]	기뻐하다, 즐거워하다
高中	gāozhōng [까오쭝]	고등학교

총획 10획　　필순 丶 亠 古 古 高 高 高 高　　안자 高 높을 고

低

dī [띠]

낮다

Tip 低 사람의 관계에서 신분이 낮은 사람[亻]이 자세를 낮추는[氐] 모양에서 '낮다', '숙이다'의 뜻이 됨.

상용어휘
低潮	dīcháo [띠챠오]	썰물
低级	dījí [띠지]	초보적인, 저급의
低声	dīshēng [띠성]	낮은 소리
高低	gāodī [까오띠]	높이, 고저

총획 7획 필순 ノ 亻 亻 亻 佂 低 低 한자 低 낮을 저

长

cháng, zhǎng [창, 쟝]

길다, 자라다

Tip 長 수염과 머리카락이 긴 노인이 지팡이를 짚고 있는 모양을 본뜬 글자로, '어른', '길다'의 뜻.

상용어휘
长城	Chángchéng [창청]	창청, 만리장성(萬里長城)
长短	chángduǎn [창똰]	길이, 치수
长江	Chángjiāng [창찌앙]	창장(长江), 양쯔장(扬子江)
长大	zhǎngdà [쟝따]	자라다, 성장하다

총획 4획 필순 ノ 二 乍 长 한자 長 긴/어른 장

短

duǎn [돤]

짧다

Tip 옛날에 짧은 물건을 재던 화살[矢]에 더 작은 콩[豆]을 함께하여 '짧다', '모자라다'의 뜻을 나타냄.

상용어휘
短见	duǎnjiàn [돤찌엔]	짧은 생각, 좁은 소견
短期	duǎnqī [돤치]	단기간
短少	duǎnshǎo [돤샤오]	부족하다, 모자라다
短小	duǎnxiǎo [돤씨아오]	짧고 작다

총획 12획 필순 ⺊ ⺊ 矢 矢 矢 矩 矩 短 短 한자 短 짧을 단

远

yuǎn [위엔]

멀다

Tip 간단하게나마 옷[元]을 챙겨 떠나가야[辶] 할 만큼 갈 길이 '멀다'는 뜻. '元(yuán)'은 음을 나타냄.

상용어휘
远大	yuǎndà [위엔따]	원대하다
远近	yuǎnjìn [위엔찐]	거리, 멀고 가까움
远洋	yuǎnyáng [위엔양]	원양
永远	yǒngyuǎn [용위엔]	영원하다

총획 7획 필순 一 二 亍 元 元 沅 远 한자 遠 멀 원

近

jìn [찐]

가깝다

Tip  물건을 달[斤] 때 저울추를 조금씩[辶] 옮겨야 할 만큼 거리가 '가까움'을 나타냄.

상용어휘			
	近代	jìndài [찐따이]	근대, 근세
	近来	jìnlái [찐라이]	근래, 요즘
	近似	jìnsì [찐쓰]	유사하다, 비슷하다, 근사하다
	附近	fùjìn [푸찐]	근처, 부근

총획 7획 필순 ノ ㄏ ㄈ 斤 ㄫ 沂 近 안자 近 가까울 근

黑

hēi [헤이]

어둡다

Tip 위쪽의 굴뚝[里(굴뚝 모양)]에 검댕이 차고, 아래쪽에 불길[灬=火]이 오르는 모양을 본떠, '검다', '어둡다'의 뜻을 나타냄.

상용어휘			
	黑白	hēibái [헤이바이]	흑백, 시비(是非)
	黑板	hēibǎn [헤이반]	칠판
	黑人	hēirén [헤이런]	흑인, (죄 또는 기타 사유로) 숨어 사는 사람
	黑色	hēisè [헤이써]	검은색

총획 12획 필순 冂 冂 田 甲 甲 里 黑 안자 黑 검을 흑

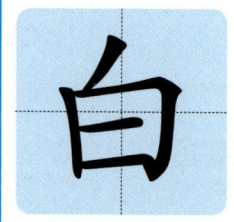

bái [바이]

하얗다

Tip 해[日]에서 나오는 빛[丿]을 본뜬 글자로, 햇빛이 희고 밝아 '희다', '밝다'의 뜻이 됨.

상용어휘		
白人	báirén [바이런]	백인
白色	báisè [바이써]	흰색
白天	báitiān [바이티엔]	낮, 대낮
明白	míngbai [밍바이]	이해하다, 알다

총획 5획　필순 　안자 白 흰 백

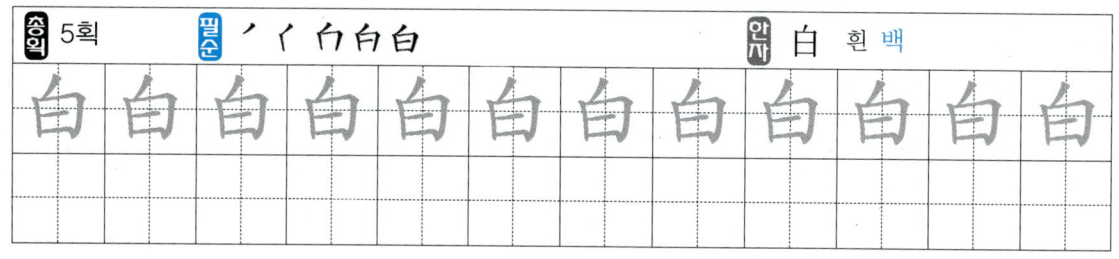

zǎo [자오]

아침, 이르다

Tip 새싹이 껍질[十]을 가르고 돋아나듯이 해[日]가 동쪽 지평선에 떠오르는 모양에서 '일찍', '이르다'의 뜻이 됨.

상용어휘		
早晨	zǎochén [자오천]	새벽, 이른 아침
早饭	zǎofàn [자오판]	아침밥, 아침 식사
早上	zǎoshang [자오샹]	아침
清早	qīngzǎo [칭자오]	이른 아침, 새벽

총획 6획　필순 　안자 早 일찍 조

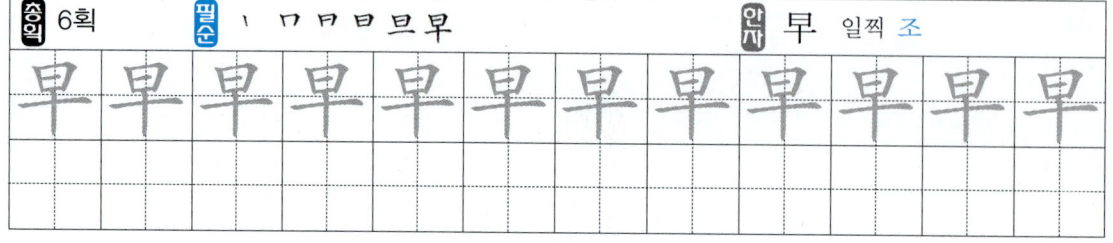

wǎn [완]

밤, 늦다

Tip 晚 해[日]가 서산으로 떨어지는[免] 모양에서 '저물다', '해지다', '늦다', '저녁'의 뜻이 됨.

상용어휘		
晚饭	wǎnfàn [완판]	저녁밥, 저녁 식사
晚会	wǎnhuì [완훼이]	이브닝 파티(evening party)
晚上	wǎnshang [완상]	저녁, 밤
今晚	jīnwǎn [찐완]	오늘 밤

총획 11획　필순 日 旷 旷 旷 旷 晚 晚　안자 晚 늦을 만

wǎng [왕]

가다, 이전의

Tip 往 초목의 싹이 무성하게 나와[主] 뻗어가는[彳] 모양에서 '가다', '향하다'의 뜻이 됨.

상용어휘		
往常	wǎngcháng [왕창]	평소, 평상시
往来	wǎnglái [왕라이]	왕래하다, 오가다
往年	wǎngnián [왕니엔]	왕년, 옛날
交往	jiāowǎng [찌아오왕]	왕래하다, 교제하다

총획 8획　필순 ノ ㇒ 彳 彳 彳 行 往 往　안자 往 갈 왕

来

lái [라이]

오다

Tip 来 보리 이삭의 모양을 본뜬 글자. 보리는 하늘에서 보내 왔다는 전설에서 '오다'의 뜻이 됨.

상용어휘
来回	láihuí [라이훼이]	왕복, 왔다 갔다 하다
来往	láiwǎng [라이왕]	왕래하다, 교제하다
从来	cónglái [총라이]	지금까지, 이제까지, 여태껏
将来	jiānglái [찌앙라이]	장래, 미래

총획 7획 **필순** 一 ㄥ ㄲ ㅛ 쭈 来 来   **약자** 來 올 래

来 来 来 来 来 来 来 来 来 来 来 来

有

yǒu [요우]

있다

Tip 有 손[ナ]에 고기[月=肉(고기 육)]를 가지고 '있다'는 뜻의 글자.

상용어휘
有名	yǒumíng [요우밍]	유명하다
所有	suǒyǒu [수오요우]	모든, 일체의, 소유하다
有点儿	yǒudiǎnr [요우디얼]	약간, 조금
有意思	yǒu yìsi [요우이스]	재미있다

총획 6획 **필순** ノ ナ ナ 冇 有 有   **약자** 有 있을 유

有 有 有 有 有 有 有 有 有 有 有 有

wú [우]

없다

Tip '无'와 '天'를 혼동하지 않도록 주의할 것.

상용어휘
无法	wúfǎ [우파]	~할 방법이 없다, ~할 수 없다
无情	wúqíng [우칭]	감정이 없다, 냉정하다, 무자비하다
无用	wúyòng [우용]	쓸모없다, 소용없다
虚无	xūwú [쉬우]	허무하다

총획 4획 | 필순 一 二 チ 无 | 인자 無 없을 무

shēng [성]

태어나다, 살다

Tip 풀의 싹이 흙[土]을 뚫고 나오는 모양을 본뜬 글자로, '생겨나다', '살다'의 뜻을 나타냄.

상용어휘
生词	shēngcí [성츠]	새 단어
生活	shēnghuó [성훠]	생활
生气	shēngqì [성치]	화나다, 성나다
生日	shēngrì [성르]	생일

총획 5획 | 필순 ノ ╱ ╘ 牛 生 | 인자 生 날 생

死

sǐ [쓰]

죽다

Tip 사람이 죽어[匕] 뼈가 산산이 흩어지는[歹] 모양에서 '죽음'을 뜻하게 됨.

상용어휘
死活	sǐhuó [쓰훠]	생사, 한사코, 기어코
死人	sǐrén [쓰런]	죽은 사람
死亡	sǐwáng [쓰왕]	사망하다, 죽다
死者	sǐzhě [쓰져]	죽은 사람

총획 6획 | 필순 一 ㄏ ㄅ ㄕ ㄕ 死 | 한자 死 죽을 사

买

mǎi [마이]

사다

Tip 옛 글자(買)를 보면, 돈[貝]을 주고 그 대신 받은 물건을 망태기[冂]에 담는 모양에서 '사다'의 뜻을 나타냄.

상용어휘
买卖	mǎimài [마이마이]	매매하다, 사고팔다
买主	mǎizhǔ [마이쥬]	살 사람, 구매자
购买	gòumǎi [꼬우마이]	사다, 구매하다
收买	shōumǎi [쇼우마이]	사들이다, 구입하다

총획 6획 | 필순 一 ㄇ ㄇ ㄓ 买 买 | 한자 買 살 매

mài [마이]

팔다

 사들였던[买] 물건을 내놓아[土] 파는 모양에서 '팔다'의 뜻이 됨.

상용어휘
卖方	màifāng [마이팡]	파는 쪽, 판매측
卖国	màiguó [마이궈]	나라를 팔다, 매국하다
卖主	màizhǔ [마이쥬]	파는 사람, 판매자
出卖	chūmài [츄마이]	팔다, 팔아먹다, 배반하다

총획 8획　필순 一十土士壳壳卖卖　한자 賣 팔 매

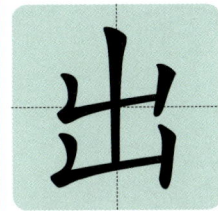

chū [츄]

나가다, 나오다

 싹이 흙 위로 뻗어 자라는 모양을 본떠 '나다'의 뜻을 나타냄.

상용어휘
出发	chūfā [츄파]	출발하다
出生	chūshēng [츄셩]	출생하다, 태어나다
出现	chūxiàn [츄씨엔]	출현하다, 나타나다
出租汽车	chūzū qìchē [츄주치쳐]	택시

총획 5획　필순 丨나屮出出　한자 出 날 출

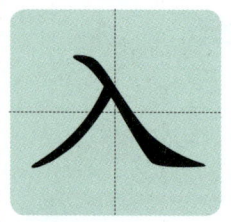

rù [루]

들어가다, 들어오다

 入 초목의 뿌리가 땅 속으로 파고 들어가는 모양을 본뜬 글자. '入'과 '人'를 혼동하지 않도록 주의할 것.

상용어휘
入口	rùkǒu [루코우]	입구
入学	rùxué [루쉐]	입학하다, 취학하다
出入	chūrù [츄루]	출입하다, 드나들다
加入	jiārù [찌아루]	가입하다, 넣다

총획 2획　**필순** ノ入　**한자** 入 들 입

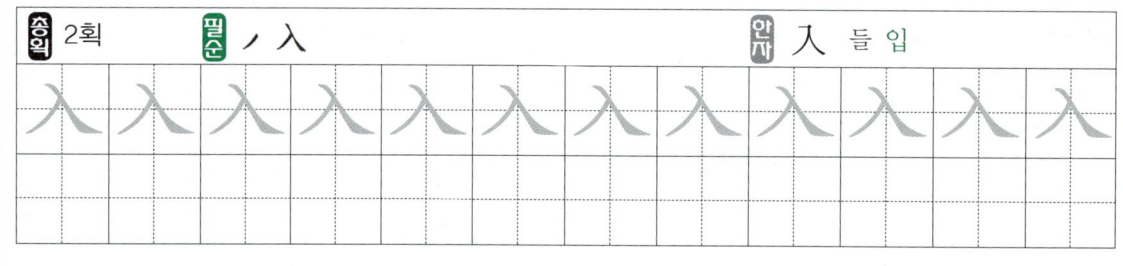

shì [스]

맞다, 옳다, ~이다

  해[日]처럼 밝고 바른[疋] 모양에서 '바르다', '곧다', '옳다'의 뜻이 됨.

상용어휘
是非	shìfēi [스페이]	시비, 옳고 그름
但是	dànshì [단스]	그러나, 그렇지만
可是	kěshì [커스]	그러나
似是而非	sì shì ér fēi [쓰스얼페이]	겉모습은 그럴 듯하지만 실제는 그렇지 않다

총획 9획　**필순** 口日日旦早早是是　**한자** 是 이/옳을 시

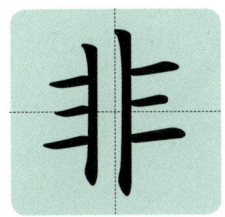

fēi [페이]

~아니다

 새가 날 때 두 날개를 서로 반대 방향으로 편 모양을 본뜬 글자로, '아니다', '어기다', '그르다'의 뜻.

상용어휘			
非常	fēicháng	[페이창]	대단히, 매우
非法	fēifǎ	[페이파]	불법적인, 비합법적인
除非	chúfēi	[츄페이]	~를 제외하고는, 오직 ~해야 (비로소)
是非	shìfēi	[스페이]	시비, 옳고 그름

총획 8획 필순 ノ ノ キ ヲ ヲ ヺ 非 非 한자 非 아닐 비

gǔ [구]

옛날, 고대

 여러[十] 대에 걸쳐 입[口]으로 전해온 것은 이미 오래 된 것이라는 데서 '오래다', '예'의 뜻이 됨.

상용어휘			
古代	gǔdài	[구따이]	고대
古迹	gǔjì	[구찌]	고적
古老	gǔlǎo	[구라오]	오래 되다
古今中外	gǔjīn-zhōngwài	[구찐쭝와이]	동서고금(東西古今)

총획 5획 필순 一 十 十 古 古 한자 古 예 고

jīn [찐]

오늘, 지금

Tip 세월이 흐르고 쌓여[스] 지금에 이른[ㄱ(끌릴 예)] 것에서 '지금', '이제'라는 뜻을 나타냄.

상용어휘
今年	jīnnián [찐니엔]	올해, 금년
今日	jīnrì [찐르]	금일, 오늘
今天	jīntiān [찐티엔]	오늘
今晚	jīnwǎn [찐완]	오늘 밤

총획 4획 **필순** ノ 人 𠆢 今   **안자** 今 이제 금

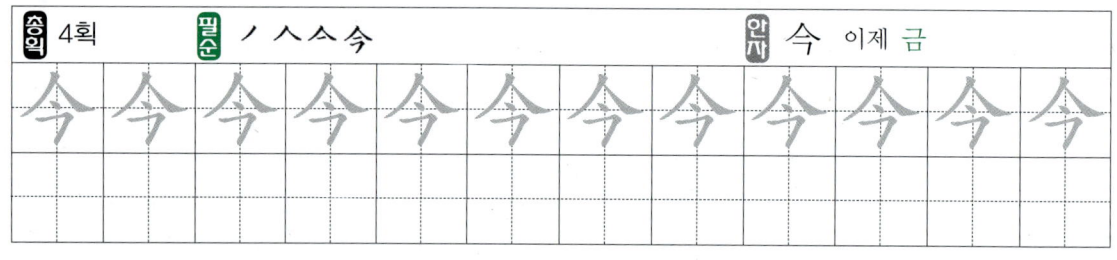

cóng [총]

따르다, ~부터

Tip 한 사람(人)이 다른 한 사람(人)을 따라가는 모양으로, '뒤따르다', '따라가다'라는 뜻을 나타냄.

상용어휘
从不	cóngbù [총뿌]	지금까지 ~않다, 여태껏 ~않다
从来	cónglái [총라이]	지금까지, 이제까지, 여태껏
从前	cóngqián [총치엔]	이전, 종전
服从	fúcóng [푸총]	복종하다, 따르다

총획 4획 **필순** ノ 人 𠆢 从   **안자** 從 좇을 종

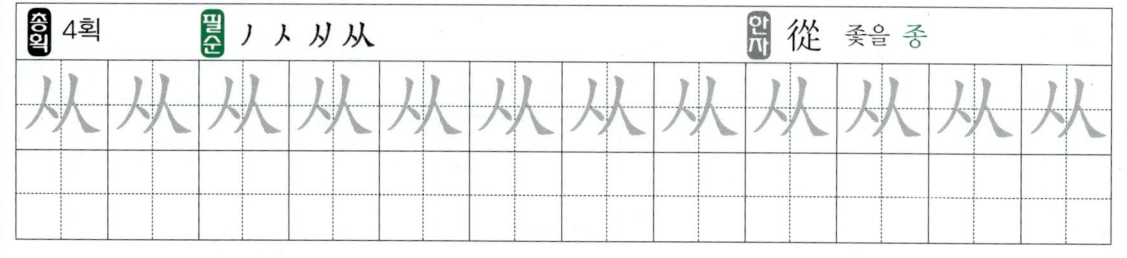

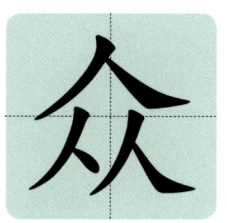

zhòng [쭝]

많다, 많은 사람

Tip '人'자 세 개를 한 곳에 놓으면, 사람이 많음을 나타냄.

상용어휘	众人	zhòngrén [쭝런]	많은 사람, 군중
	大众	dàzhòng [따쭝]	대중
	民众	mínzhòng [민쭝]	민중
	群众	qúnzhòng [췬쭝]	군중, 대중

총획 6획   필순 ノ 人 个 夳 众 众   안자 衆 무리 중

liǎng [리앙]

둘(2), 두 개

Tip 저울추 두 개가 나란히 매달려 있는 모양을 본뜬 글자로, '둘', '쌍'을 뜻함.

상용어휘	两次	liǎng cì [리앙츠]	두 번
	两面	liǎngmiàn [리앙미엔]	양면
	两手	liǎngshǒu [리앙쇼우]	두 손, 양손
	两样	liǎngyàng [리앙양]	두 가지, 두 종류, 다르다, 상이하다

총획 7획   필순 一 ㄏ 丆 丙 丙 两 两   안자 兩 두 량

rèn [런]

알다, 승인하다

 '人(rén)'은 음을, 'ⅰ'은 '말소리'라는 뜻을 나타냄.
말소리로 어떤 사람인지 '알아낸다'는 뜻.

상용어휘
认清	rènqīng [런칭]	확실히 이해하다, 똑똑히 알다
认识	rènshi [런스]	알다, 인식하다
认为	rènwéi [런웨이]	여기다, 인정하다
认真	rènzhēn [런쩐]	성실하다, 진지하다, 진담으로 받아들이다

총획 4획　**필순** 丶 讠 认 认　**한자** 認 알 인

认 认 认 认 认 认 认 认 认 认 认 认

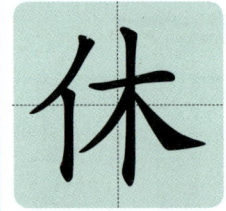

xiū [씨우]

쉬다

 사람[亻]이 나무[木] 그늘에서 '쉬고' 있음을 뜻함.

상용어휘
休假	xiūjià [씨우찌아]	휴가를 보내다
休息	xiūxi [씨우씨]	쉬다, 휴식을 취하다
休战	xiūzhàn [씨우짠]	휴전(休戰)하다, 정전(停戰)하다
休止	xiūzhǐ [씨우즈]	정지하다, 멈추다

총획 6획　**필순** 丿 亻 亻 亻 什 休 休　**한자** 休 쉴 휴

休 休 休 休 休 休 休 休 休 休 休 休

林

lín [린]

숲

Tip 林 나무[木]와 나무[木]가 나란히 선 모양에서 '수풀'을 나타냄.

상용어휘
林木	línmù [린무]	숲, 수림
林业	línyè [린예]	임업
森林	sēnlín [썬린]	삼림, 숲
树林	shùlín [슈린]	숲

총획 8획　　**필순** 一 十 十 十 朴 村 材 林　　**한자** 林 수풀 림

本

běn [번]

근본, 권(책 등을 세는 양사)

Tip 本 나무[木] 아래에 표[一]를 하여 뿌리를 나타내고, 여기에서 사물의 '근본', '밑'이란 뜻으로 쓰이게 됨.

상용어휘
本来	běnlái [번라이]	본래(의), 원래(의)
本身	běnshēn [번션]	그 자체, 본인
本子	běnzi [번즈]	공책, 노트
课本	kèběn [커번]	교과서

총획 5획　　**필순** 一 十 才 木 本　　**한자** 本 근본 본

tǐ [티]

몸, 신체

Tip 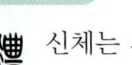 신체는 사람[亻]의 근본[本]이라는 뜻.

상용어휘		
体力	tǐlì [티리]	체력, 힘
体系	tǐxì [티씨]	체계, 체제
体育	tǐyù [티위]	체육
身体	shēntǐ [션티]	몸, 신체

총획 7획 · 필순 ノ 亻 亻 什 什 休 体 · 안자 體 몸 체

体 体 体 体 体 体 体 体 体 体 体 体

shù [슈]

기술

Tip '木' 자 어깨 위에 점 하나를 추가한 글자로, 발음은 '树(shù, 나무)'와 같지만, 뜻은 '나무'가 아님.

상용어휘		
技术	jìshù [찌슈]	기술
学术	xuéshù [쉐슈]	학술
医术	yīshù [이슈]	의술, 의료기술
艺术	yìshù [이슈]	예술

총획 5획 · 필순 一 十 才 木 术 · 안자 術 재주/꾀 술

术 术 术 术 术 术 术 术 术 术 术 术

果

guǒ [궈]

과일, 결과

Tip 果 나무[木]에 열린 '열매' 모양을 본뜬 글자로, 열매를 맺는다는 데서 일의 '결과'를 뜻하게 됨.

상용어휘
果实	guǒshí [궈스]	과실, 수확, 성과
果树	guǒshù [궈슈]	과수, 과일 나무
结果	jiéguǒ [지에궈]	결실, 결과
水果	shuǐguǒ [쉐이궈]	과일

총획 8획　**필순** 丨 冂 日 曰 早 果 果 果　**안자** 果 실과 과

末

mò [모]

끝, 마지막의

Tip 末 나무[木]의 위쪽에 획[一]을 하나 그음으로써 나뭇가지의 끝을 나타낸 글자로, '끝', '마치다'의 뜻.

상용어휘
末年	mònián [모니엔]	말년
末期	mòqī [모치]	말기
末尾	mòwěi [모웨이]	말미, 끄트머리
周末	zhōumò [쪼우모]	주말

총획 5획　**필순** 一 二 丰 未 末　**안자** 末 끝 말

 mǐ [미]
쌀

 米 사방[十]으로 흩어진 쌀의 낱알 모양[乂]을 본떠 '쌀', '낱알'의 뜻을 나타냄.

상용어휘
米饭	mǐfàn [미판]	밥, 쌀밥
米面	mǐmiàn [미미엔]	쌀과 밀가루, 쌀가루
米色	mǐsè [미써]	미색
大米	dàmǐ [따미]	쌀

총획 6획　필순 丶丷一丷米米　안자 米 쌀 미

 yán [옌]
말, 말씀, 말하다

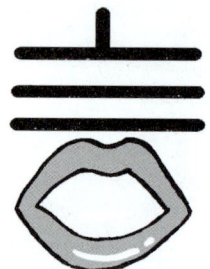

 言 생각한 바를 곧바로 찔러[䇂(찌를 건)] 말하는[口] 모양에서 '말씀', '말하다'의 뜻이 됨.

상용어휘
言辞	yáncí [옌츠]	언사, 말
言论	yánlùn [옌룬]	언론, 의견
言语	yányǔ [옌위]	말, 말하다
语言	yǔyán [위옌]	언어

총획 7획　필순 丶一一亠亖言言　안자 言 말씀 언

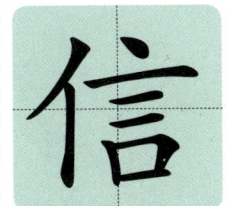

xìn [씬]

믿다, 편지

Tip 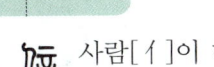 사람[亻]이 하는 말[言]은 마음에서 나온다 하여 '믿다', '참되다'의 뜻을 나타내게 됨.

상용어휘	信号	xìnhào [씬하오]	신호, 사인
	信念	xìnniàn [씬니엔]	신념
	信息	xìnxī [씬씨]	소식, 뉴스, 정보
	短信	duǎnxìn [돤씬]	문자 메시지, 짧은 편지

총획 9획 · 필순 亻 亻 亻 亻 信 信 信 信 · 한자 信 믿을 신

míng [밍]

밝다, 분명하다

Tip 낮에는 해[日]가 빛나고 밤에는 달[月]이 환하여 '밝다'는 뜻.

상용어휘	明白	míngbai [밍바이]	이해하다, 알다
	明年	míngnián [밍니엔]	내년, 명년
	明确	míngquè [밍취에]	명확하다, 확실하다
	明天	míngtiān [밍티엔]	내일, 명일

총획 8획 · 필순 丨 冂 日 日 明 明 明 明 · 한자 明 밝을 명

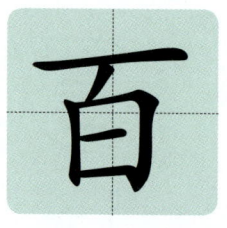

bǎi [바이]

백(100)

 百 하나[一]에서 '일백'까지 세며 크게 외쳐[白] 일단락 지은 데서 그 뜻이 된 글자.

상용어휘
百年	bǎinián [바이니엔]	오랜 세월, 일생
百万	bǎiwàn [바이완]	백만(1,000,000)
百姓	bǎixìng [바이씽]	평민, 백성
百分比	bǎifēnbǐ [바이펀비]	백분율, 백분비

총획 6획　필순 一ナ丆丏百百　한자 百 일백 백

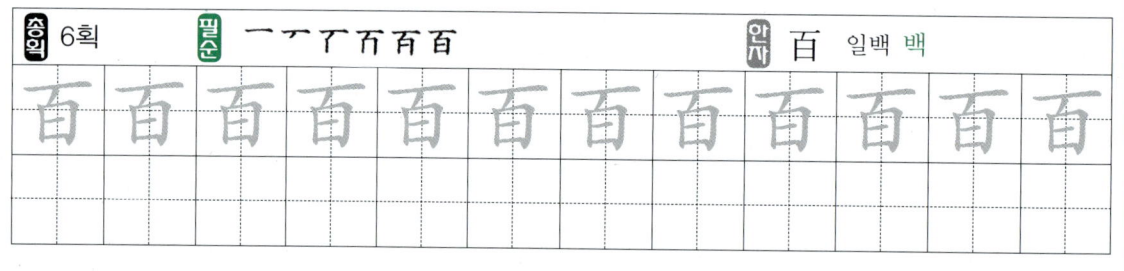

shí [스]

때, 시

 時 해[日]가 규칙적[寸]으로 간다고 하여 '때'를 뜻함.

상용어휘
时代	shídài [스따이]	시대
时候	shíhou [스호]	때, 시각
时间	shíjiān [스찌엔]	시간
小时	xiǎoshí [씨아오스]	시, 시간

총획 7획　필순 丨冂日日旷时时　한자 時 때 시

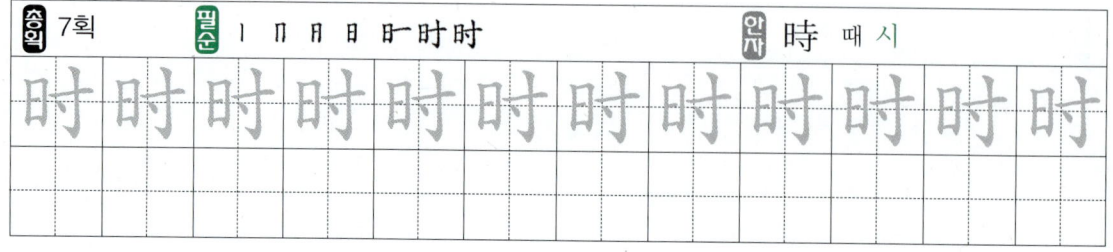

叫

jiào [찌아오]

부르다, 외치다

Tip 목을 뒤틀며[丩] 입[口]을 크게 벌려 부르짖는 모양에서 '부르짖다', '울다'의 뜻이 됨.

상용어휘
叫喊	jiàohǎn [찌아오한]	큰 소리로 외치다, 소리치다
叫好	jiàohǎo [찌아오하오]	잘한다고 소리치다
叫苦	jiàokǔ [찌아오쿠]	고통을 호소하다
叫门	jiào mén [찌아오먼]	문을 두드리다

총획 5획　**필순** 丨 冂 口 叨 叫　**안자** 叫 부르짖을 규

听

tīng [팅]

듣다

Tip 왼쪽은 입(口)으로 사람이 말을 한다는 것을, 오른쪽은 귀(斤)로 사람이 듣고 있는 것을 상상하면 됨.

상용어휘
听见	tīngjiàn [팅찌엔]	듣다, 들리다
听力	tīnglì [팅리]	청력, 듣기 능력
听说	tīngshuō [팅슈오]	듣자하니, 들건대
听写	tīngxiě [팅씨에]	받아쓰기 하다

총획 7획　**필순** 丨 冂 口 口' 听 听 听　**안자** 聽 들을 청

chī [츠]

먹다

Tip 사람이[ㅅ]이 오리[乙]를 먹는[口] 모습을 상상해 볼 것.

상용어휘			
	吃醋	chīcù [츠추]	질투하다
	吃饭	chīfàn [츠판]	밥을 먹다, 식사를 하다
	吃惊	chījīng [츠찡]	놀라다
	小吃	xiǎochī [씨아오츠]	간단한 음식, 스낵, 간식

총획 6획 | 필순 ㅣ ㅁ ㅁ ㅁ´ 吃 吃 | 안자 吃 먹을 흘

chàng [챵]

(노래를) 부르다

Tip 넉넉하고 아름다운 목소리[昌]로 노래 부르는[口] 모양에서 '부르다', '노래하다'의 뜻이 됨.

상용어휘			
	唱本	chàngběn [챵번]	노래 책, 가사 대본
	唱歌	chànggē [챵꺼]	노래를 부르다
	独唱	dúchàng [두챵]	독창(하다)
	合唱	héchàng [허챵]	합창(하다)

총획 11획 | 필순 ㅁ ㅁ ㅁ´ ㅁ日 ㅁ日 唱 唱 | 안자 唱 부를 창

又

yòu [요우]

또

Tip 오른손 세 손가락을 펴서 위를 향한 모양을 본뜬 글자로, '또', '또한'의 뜻.

상용어휘
又及	yòují [요우지]	추신, 추기
又叫	yòujiào [요우찌아오]	~라고도 부르다
又名	yòumíng [요우밍]	다른 이름을 ~라고 하다
又一次	yòu yí cì [요우이츠]	또 다시, 또 한번

총획 2획　　**필순** フ又　　**안자** 又 또 우

双

shuāng [슈앙]

쌍, 켤레(양사)

Tip 옛 글자()는 한 쌍의 새[雔]를 손[又] 위에 앉힌 모양임. 두 개의 손[又]으로 '한 쌍'을 나타냄.

상용어휘
双边	shuāngbiān [슈앙삐엔]	쌍방
双方	shuāngfāng [슈앙팡]	쌍방
双数	shuāngshù [슈앙슈]	짝수
双胞胎	shuāngbāotái [슈앙빠오타이]	쌍둥이

총획 4획　　**필순** フ又双双　　**안자** 雙 쌍 쌍

Hàn [한]

한나라, 한족

Tip 본래 양쯔장(扬子江) 상류인 '한수(汉水)'를 뜻하여 된 글자로, 이 지역을 중심으로 세워졌던 '한나라'의 이름으로 널리 쓰임.

상용어휘
汉人	Hànrén [한런]	한인, 한족
汉语	Hànyǔ [한위]	한어, 중국어
汉字	Hànzì [한쯔]	한자
汉族	Hànzú [한주]	한족

총획 5획 **필순** 丶丶氵汈汉 **한자** 漢 한수/한나라/놈 한

汉 汉 汉 汉 汉 汉 汉 汉 汉 汉 汉 汉

yǒu [요우]

친구, 벗

Tip 손[ナ]에 손[又]을 마주잡고 서로 돕는 모양에서 '벗', '우애', '친하다'의 뜻이 됨.

상용어휘
友爱	yǒu'ài [요우아이]	우애롭다, 우호적이고 친하다
友好	yǒuhǎo [요우하오]	절친한 친구, 우호적이다
友情	yǒuqíng [요우칭]	우정
朋友	péngyou [펑요우]	친구, 벗

총획 4획 **필순** 一ナ方友 **한자** 友 벗 우

友 友 友 友 友 友 友 友 友 友 友 友

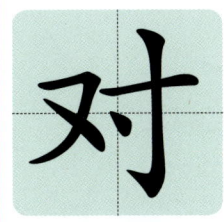

duì [뚜에이]

맞다, 대조하다

Tip 많은 사람이 모여 자리에 앉아 법도에 따라 묻고 대답하는 모양에서 '대하다', '마주보다'의 뜻이 됨.

상용어휘
对比	duìbǐ [뚜에이비]	대비하다, 대조하다, 비율
对话	duìhuà [뚜에이화]	대화(하다)
对象	duìxiàng [뚜에이씨앙]	(결혼의) 상대
对不起	duìbuqǐ [뚜에이부치]	미안합니다

총획 5획 **필순** ㄱ ㄡ ㄡ- 对 对 **한자** 對 대할 대

对 对 对 对 对 对 对 对 对 对 对 对

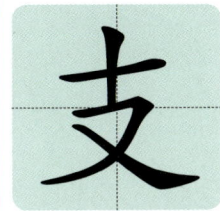

zhī [쯔]

지불하다, 지지하다

Tip 댓가지[十←个(댓가지 개)]를 손[又]으로 쥔 모양에서 '지지하다', '나뉘다', '가지'의 뜻이 됨.

상용어휘
支持	zhīchí [쯔츠]	지지하다, 지탱하다
支出	zhīchū [쯔츄]	지출
支付	zhīfù [쯔푸]	지불하다, 지급하다
支配	zhīpèi [쯔페이]	안배하다, 지배하다

총획 4획 **필순** 一 十 ㄎ 支 **한자** 支 지탱할 지

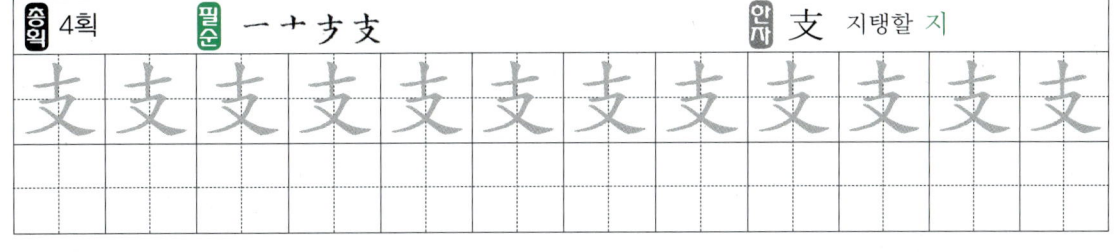

fǎn [판]

뒤집다, 반대의

넓적한 바위[厂]를 손[又]으로 뒤집었다 엎었다 하는 모양에서 '뒤엎는다', '반대하다'의 뜻을 나타냄.

상용어휘
反对	fǎnduì [판뛔이]	반대하다
反复	fǎnfù [판푸]	반복하다, 거듭하다
反抗	fǎnkàng [판캉]	반항하다
反映	fǎnyìng [판잉]	반영하다

총획 4획   필순 ´ 厂 反 反   한자 反 돌이킬 반

反 反 反 反 反 反 反 反 反 反 反 反

fàn [판]

밥, 식사

밥[饣]을 넣어 입안에서 혀로 뒤치며[反] 씹어 먹는 모양에서 '밥', '먹다'의 뜻이 됨.

상용어휘
饭店	fàndiàn [판띠엔]	호텔
饭馆	fànguǎn [판관]	식당
米饭	mǐfàn [미판]	밥, 쌀밥
做饭	zuòfàn [쭈오판]	밥을 하다

총획 7획   필순 ノ 丷 亠 饣 饣 饭 饭   한자 飯 밥 반

饭 饭 饭 饭 饭 饭 饭 饭 饭 饭 饭 饭

qǔ [취]

가지다, 취하다, 찾다

Tip 옛날 싸움터에서 적을 죽인 증거로 그 귀[耳]를 손[又]으로 잘라온 데서 '가지다', '취하다'의 뜻이 됨.

상용어휘			
	取代	qǔdài [취따이]	대체하다
	取得	qǔdé [취더]	취득하다, 얻다
	取消	qǔxiāo [취씨아오]	취소하다, 없애다
	争取	zhēngqǔ [쩡취]	쟁취하다, 얻다

총획 8획 필순 一 T F E 耳 取 取 한자 取 가질 취

zuì [쮀이]

가장, 최고

Tip 위험을 떨치고[日←冒(무릅쓸 모)] 적의 귀를 잘라 오는  [取] 것은 큰 모험이라는 데서 '가장', '최고'의 뜻이 됨.

상용어휘			
	最初	zuìchū [쮀이츄]	최초, 맨 처음
	最高	zuìgāo [쮀이까오]	최고, 가장 높다
	最后	zuìhòu [쮀이호우]	최후의, 맨 마지막
	最近	zuìjìn [쮀이찐]	최근, 요즘

총획 12획 필순 日 므 무 吊 류 昂 最 한자 最 가장 최

受

shòu [쇼우]
받다

Tip  내리는[⺥(손톱 조-주는 손)] 술잔[一]을 받는[又(받는 손)] 모양에서 '받다', '입다'의 뜻이 됨.

상용어휘
受伤	shòushāng [쇼우샹]	부상당하다, 상처를 입다
接受	jiēshòu [찌에쇼우]	받아들이다, 수락하다
难受	nánshòu [난쇼우]	괴롭다, 참을 수 없다
忍受	rěnshòu [런쇼우]	참다, 이겨 내다

총획 8획 필순 一 ⺈ ⺥ ⺥ 肀 乎 受 안자 受 받을 수

爱

ài [아이]
사랑하다

Tip  위쪽은 손[⺥]으로 선물을 주는 것을 나타내고, 아래쪽은 '벗[友]'으로, 우리는 친구를 '사랑한다'는 의미.

상용어휘
爱好	àihào [아이하오]	취미
爱情	àiqíng [아이칭]	애정
爱人	àiren [아이런]	남편 혹은 아내
恋爱	liàn'ài [리엔아이]	연애(하다)

총획 10획 필순 ⺥ ⺥ ⺥ ⺥ 乎 㐤 爱 안자 愛 사랑 애

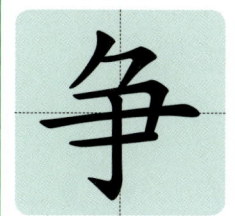

zhèng [쪙]

다투다

 손톱[⺥=爪]을 드러내고 손[ㅋ]으로 끌며[亅(끝 예)] 싸우는 모양에서 '다투다'의 뜻이 됨.

상용어휘		
争夺	zhēngduó [쪙두오]	쟁탈하다, 다투다
争论	zhēnglùn [쪙룬]	논쟁(하다), 쟁론(하다)
争取	zhēngqǔ [쪙취]	쟁취하다, 얻다
竞争	jìngzhēng [찡쪙]	경쟁하다

총획 6획 | 필순 ノ ク ク 夕 当 争 | 한자 争 다툴 쟁

jí [지]

서두르다, 급하다

 빨리 뒤쫓아가려고[刍] 서두르는 마음[心]이 초조한 데서 '급하다'의 뜻이 됨.

상용어휘		
急流	jíliú [지리우]	급류
急事	jíshì [지스]	급한 일
急性	jíxìng [지씽]	급성의, 성미가 조급한
紧急	jǐnjí [진지]	긴급하다, 긴박하다

총획 9획 | 필순 ノ ク 々 刍 刍 刍 急 急 | 한자 急 급할 급

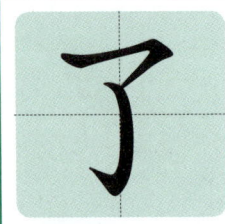

le, liǎo [러, 리아오]

끝나다, 마치다

Tip 아라비아숫자 3의 형상과 매우 비슷함.
'了'는 동사접미사로, 동작의 완성을 나타내고, 어기조사로도 쓰임.

상용어휘
除了	chúle [츄러]	~를 제외하고
了结	liǎojié [리아오지에]	끝나다, 해결하다
了解	liǎojiě [리아오지에]	이해하다, 알다
了事	liǎoshì [리아오스]	일을 마치다, 사건을 마무리짓다

총획 2획　　필순 ㄱ 了　　한자 了 마칠 료 / 瞭 밝을 료

zǐ [즈]

아들, 자녀, 접미사

Tip 양팔을 벌린 어린아이의 모양을 본떠 '아들'을 나타낸 글자.

상용어휘
子女	zǐnǚ [즈뉘]	자녀
子孙	zǐsūn [즈쑨]	자손
孩子	háizi [하이즈]	애, 어린아이, 어린이
电子邮件	diànzǐ yóujiàn [띠엔즈요우찌엔]	전자 우편, 이메일

총획 3획　　필순 ㄱ 了 子　　한자 子 아들 자

zì [쯔]

글자, 문자

Tip 집[宀] 안에 아이들[子]이 갈수록 늘듯이, '글자'도 점점 체계지어져 늘어난다는 뜻.

상용어휘
字典	zìdiǎn [쯔디엔]	자전
字母	zìmǔ [쯔무]	자모
打字	dǎ zì [다쯔]	타자를 치다
文字	wénzì [원쯔]	문자, 글자

총획 6획 　필순 丶丷宀宁宇字　안자 字 글자 자

lǐ [리]

자두, 오얏, 성(姓)

Tip 나무[木]에 진귀한 열매[子]가 여는 '오얏(=자두)나무'라는 뜻.

상용어휘
李白	Lǐbái [리바이]	이백[당(唐)대의 저명한 시인]
李子	lǐzi [리즈]	자두, 자두나무
行李	xíngli [씽리]	짐, 행장, 수화물
桃李满天下	táolǐ mǎn tiānxià [타오리만티엔씨아]	문하생이 천하에 가득하다

총획 7획 　필순 一十十木杢李李　안자 李 오얏 리

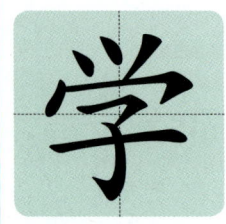

xué [쉐]

배우다, 학습하다

 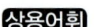 옛 글자(斅)는 아들[子]이 양손에 책을 잡고[𦥑] 스승의 가르침을 본받으며 '배운다'는 뜻.

상용어휘

学费	xuéfèi [쉐페이]	학비, 수업료
学生	xuésheng [쉐셩]	학생
学习	xuéxí [쉐시]	배우다, 학습하다
学校	xuéxiào [쉐씨아오]	학교

총획 8획　　**필순** 丶 丷 ⺍ ⺌ 兴 学 学 学　　**한자** 學　배울 학

学 学 学 学 学 学 学 学 学 学 学 学

bù [뿌]

~아니다, ~않다

 새가 하늘[一] 높이 올라가는[↑] 모양을 본뜬 글자. 그 새가 돌아오지 않음에서 '아니하다'의 뜻이 됨.

상용어휘

不错	búcuò [부추오]	좋다, 괜찮다
不但	búdàn [부딴]	~뿐만 아니라
不过	búguò [부꿔]	그러나, 그런데
不好意思	bù hǎo yìsi [뿌하오이스]	부끄럽다, 쑥스럽다, 미안합니다

총획 4획　　**필순** 一 丆 不 不　　**한자** 不　아니 불/부

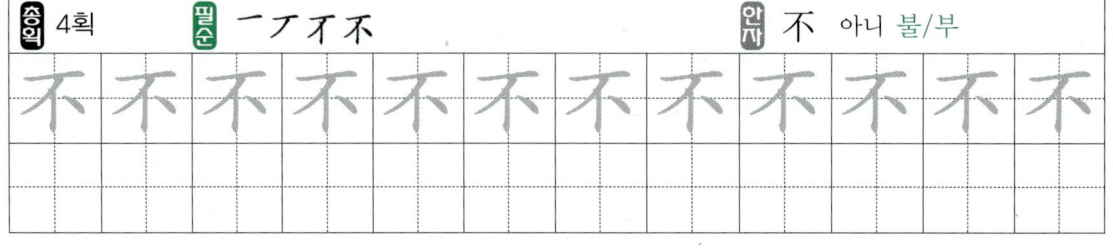

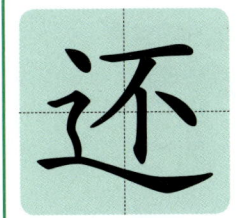

还 hái, huán [하이, 환]

돌려주다, 여전히

Tip 還 옛 글자(還)는 눈동자가 커지며[睘] 돌아갔다가[辶] 제자리로 돌아오는 모양에서 '돌아오다'의 뜻이 됨.

상용어휘
还是	háishi [하이스]	아직도, 여전히, 또는, ~하는 편이 좋다
还钱	huán qián [환치엔]	빚을 갚다, 빌린 돈을 되돌려주다
还手	huánshǒu [환쇼우]	되받아치다, 반격하다
还书	huán shū [환슈]	책을 반납하다

총획 7획 필순 一 ㄱ 不 不 还 还 还 한자 還 돌아올 환

杯 bēi [뻬이]

잔, 컵(컵 등을 세는 양사)

Tip 나무[木]를 깎아 만든 술잔[不(잔대 모양)] 모양에서 '잔', '대접'의 뜻이 됨.

상용어휘
杯子	bēizi [뻬이즈]	컵, 잔
茶杯	chábēi [챠뻬이]	찻잔
干杯	gānbēi [깐뻬이]	건배하다, 축배를 들다
一杯水	yì bēi shuǐ [이뻬이쉐이]	물 한 잔

총획 8획 필순 一 十 才 木 木 杯 杯 杯 한자 杯 잔 배

坏

huài [화이]

나쁘다

Tip 토지[土(땅)]가 나쁘다[不]라는 의미로 '不'은 부정을 나타내며 '나쁘다'라는 뜻이 됨.

상용어휘
坏处	huàichu [화이츄]	나쁜 점, 결점
坏人	huàirén [화이런]	나쁜 사람, 악인
坏事	huàishì [화이스]	나쁜 일, 해로운 일
破坏	pòhuài [포화이]	파괴하다, 훼손시키다

총획 7획　**필순** 一 十 土 圡 圷 坏 坏　**안자** 壞　무너질 괴

坐

zuò [쭈오]

(버스 등을) 타다, 앉다

Tip 땅[土] 위에 두 사람[人·人]이 마주앉은 모양에서 '앉다', '타다'의 뜻이 됨.

상용어휘
坐标	zuòbiāo [쭈오비아오]	좌표
坐车	zuò chē [쭈오쳐]	차를 타다
坐落	zuòluò [쭈오루오]	건물이 ~에 위치하다
坐位	zuòwèi [쭈오웨이]	좌석

총획 7획　**필순** 丿 人 从 丛 坐 坐　**안자** 坐　앉을 좌

座

zuò [쭈오]

자리, 좌석

Tip 집[广] 안에 앉는 자리[坐]의 모양에서 '자리', '지위', '위치'의 뜻이 됨.

상용어휘

座次	zuòcì [쭈오츠]	자리 순서, 좌석 차례
座谈	zuòtán [쭈오탄]	좌담하다, 간담하다
座位	zuòwèi [쭈오웨이]	좌석
座子	zuòzi [쭈오즈]	안장

총획 10획 필순 亠广广庀庆庎座座 한자 座 자리 좌

干

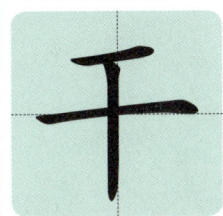

gān, gàn [깐]

~을 하다, 건조하다

Tip 위쪽 가운데가 패어 가닥진 방패의 모양을 본뜬 글자로, '일을 하다', '범하다', '건조하다'의 뜻.

상용어휘

干净	gānjìng [깐찡]	깨끗하다, 깔끔하다
干燥	gānzào [깐짜오]	건조하다
干吗	gànmá [깐마]	왜, 어째서, 무엇을 하는가
干活	gànhuó [깐훠]	일하다

총획 3획 필순 一二干 한자 干 방패 간 / 幹 줄기 간

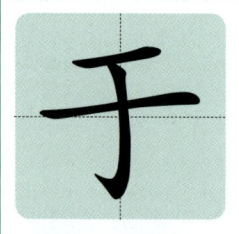

yú [위]

어조사(장소, 범위, 대상 등을 나타낼 때)

 于 '于'와 '干'를 혼동하지 않도록 주의할 것.
干

상용어휘
于今	yújīn [위찐]	지금(까지), 현재(까지)
于是	yúshì [위스]	그래서, 이리하여
至于	zhìyú [쯔위]	~의 정도에 이르다, ~에 관해서는
终于	zhōngyú [쫑위]	결국, 마침내

총획 3획   필순 一 二 于   안자 於 어조사 어

qiān [치엔]

천(1,000)

  '千'과 '干'의 차이는 바로 첫 획에 있으니 둘을 혼동하지 않도록 주의할 것.

상용어휘
千古	qiāngǔ [치엔구]	오랜 세월, 천고
千金	qiānjīn [치엔찐]	천금, 큰돈
千里	qiān lǐ [치엔리]	천 리, 아주 먼 거리
千秋	qiānqiū [치엔치우]	천 년, 오랜 세월

총획 3획   필순 一 二 千   안자 千 일천 천

hǎo, hào [하오]

좋다, 좋아하다

Tip 여자[女]가 아이[子]를 안고 좋아하는 모양에서 '좋다', '친하다', '사랑하다'의 뜻이 됨.

상용어휘
好吃	hǎochī [하오츠]	맛있다, 맛나다
好处	hǎochu [하오츄]	장점, 좋은 점
好久	hǎojiǔ [하오지우]	오랫동안
好看	hǎokàn [하오칸]	아름답다, 멋지다, 보기 좋다

총획 6획　**필순** 乚 乚 女 女ˊ 奵 好　**안자** 好 좋을 호

rú [루]

~와 같다, ~와 필적하다

Tip 여자[女]가 부모·남편·자식의 말[口] 듣기를 자기의 뜻과 같이하는 모양에서 '같다'의 뜻이 됨.

상용어휘
如果	rúguǒ [루궈]	만약, 만일
如今	rújīn [루찐]	지금, 이제, 오늘날
如意	rúyì [루이]	뜻대로 되다
比如	bǐrú [비루]	예를 들어, 예를 들면

총획 6획　**필순** 乚 乚 女 女 如 如　**안자** 如 같을 여

shǐ [스]

시작하다, 처음

  여자[女]가 잉태하여 아기를 기르는[台] 것은 생명의 처음이라는 데서 '처음', '비로소'를 뜻하게 됨.

상용어휘			
始末	shǐmò	[스모]	처음과 끝, (사건의) 전말
始终	shǐzhōng	[스쭝]	처음과 끝, 시종
开始	kāishǐ	[카이스]	시작하다, 개시하다
原始	yuánshǐ	[위엔스]	원시의, 원래의

총획 8획　필순 ㄱ ㄠ 女 女 女' 女' 始 始　안자 始 비로소 시

始 始 始 始 始 始 始 始 始 始 始 始

ān [안]

편안하다, 평안하다

  집[宀] 안에 여자[女]가 있어야 그 집안이 '편안하다'는 뜻.

상용어휘			
安静	ānjìng	[안찡]	조용하다, 안정되다
安排	ānpái	[안파이]	안배하다, 배치하다
安心	ānxīn	[안씬]	마음을 품다, 마음놓다, 안심하다
平安	píng'ān	[핑안]	평안하다

총획 6획　필순 丶 丶 宀 安 安 安　안자 安 편안 안

安 安 安 安 安 安 安 安 安 安 安 安

àn [안]

누르다, ~에 따라

 按 손[扌]으로 '누르다'라는 뜻을 나타내고, '安(ān)'은 음을 나타냄.

상용어휘

按摩	ànmó [안모어]	안마하다, 마사지하다
按钮	ànniǔ [안니우]	버튼, 스위치
按期	ànqī [안치]	기한 내에, 기한대로
按时	ànshí [안스]	제때에

총획 9획 　필순 一 亻 扌 扩 扦 按 按　안자 按 누를 안

wǒ [워]

나

 我 손[扌]에 창[戈]을 들고 스스로를 방어하는 모양에서 '나', '나의', '우리', '이쪽'의 뜻이 됨.

상용어휘

我们	wǒmen [워먼]	우리
自我	zìwǒ [쯔워]	자기 자신
忘我	wàngwǒ [왕워]	자신을 돌보지 않다

총획 7획 　필순 ノ 二 千 扌 我 我 我　안자 我 나 아

你

nǐ [니]

너

Tip  오른쪽의 '尔'은 고대에 '너', '당신'이라는 뜻이었음.

상용어휘
你好	nǐ hǎo [니하오]	안녕하세요
你们	nǐmen [니먼]	너희들, 당신들
不分你我	bùfēn-nǐwǒ [뿌펀니워]	너나 할 것 없이
你死我活	nǐsǐ-wǒhuó [니스워훠]	결사적으로

총획 7획 **필순** ノ 亻 亻 亻 亻 你 你 **한자** 你 너 니

你你你你你你你你你你你你

它

tā [타]

그(것), 저(것)

Tip 비록 글자 형태는 집[宀]안에 사람[匕]이 있는 것이지만, '它'는 동물을 나타냄.

상용어휘
它们	tāmen [타먼]	그것들, 저것들
其它	qítā [치타]	기타, 그 밖에

총획 5획 **필순** 宀 宀 它 **한자** 它 다를 타

它它它它它它它它它它它它

yě [예]

~도, 역시

Tip 긴 뱀이 사린 모양을 본뜬 글자로, '또', '~도'의 뜻.

상용어휘
也罢	yě bà [예빠]	좋아, 알았어
也好	yě hǎo [예하오]	~하는 편이 좋다
也许	yěxǔ [예쉬]	아마, 어쩌면

총획 3획 　필순 ㄱ ㇉ 也 　안자 也 어조사 **야**

也 也 也 也 也 也 也 也 也 也 也 也

tā [타]

그(3인칭, 남자)

Tip 사람[亻]이 뱀[也(뱀이 사린 형상)]처럼 쌀쌀한 모양에서 '남', '다르다'의 뜻이 됨.

상용어휘
他们	tāmen [타먼]	그들
他人	tārén [타런]	다른 사람, 타인
他乡	tāxiāng [타씨앙]	타향
其他	qítā [치타]	기타, 그 외

총획 5획 　필순 ノ 亻 亻 仲 他 　안자 他 다를 **타**

他 他 他 他 他 他 他 他 他 他 他 他

tā [타]

그녀(3인칭, 여자)

Tip '女'는 뜻을 나타냄.

상용어휘 她们   tāmen [타먼]   그녀들

총획 6획	필순								한자 她 그녀 타

gōng [꽁]

일, 노동자, 공업

Tip 工 무엇을 만들 때 사용하는 공구의 모양을 본뜬 글자로, '일', '일꾼'의 뜻이 됨.

상용어휘
工厂　　gōngchǎng [꽁챵]　　공장
工夫　　gōngfu [꽁푸]　　시간, 틈
工作　　gōngzuò [꽁쭈오]　　일(하다)
人工　　réngōng [런꽁]　　인위적인, 인공의

총획 3획	필순								한자 工 장인 공

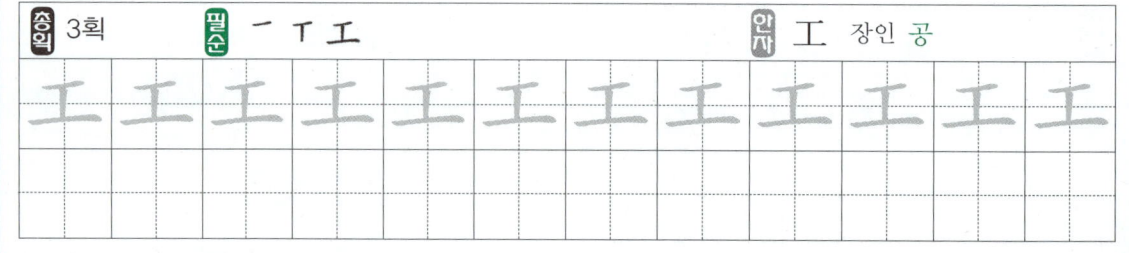

wáng [왕]

왕, 임금

 王 큰 도끼의 날을 아래로 드리운 모양에서 '임금'의 뜻을 나타냄.

상용어휘			
	王朝	wángcháo [왕챠오]	왕조
	王国	wángguó [왕궈]	왕국
	霸王	bàwáng [빠왕]	패왕
	国王	guówáng [궈왕]	국왕

총획 4획 필순 一 二 干 王 한자 王 임금 왕

quán [취엔]

모두, 전부의, 완전히

 全 옥[玉]은 귀한 물건이라 집에 잘 들여놓아야[入] 함을 나타냄.

상용어휘			
	全部	quánbù [취엔뿌]	전부(의)
	全国	quánguó [취엔궈]	전국
	全力	quánlì [취엔리]	전력
	全体	quántǐ [취엔티]	전체

총획 6획 필순 ノ 人 𠆢 仒 全 全 한자 全 온전 전

主

zhǔ [쥬]

주인

Tip 등잔의 모양을 본뜬 글자로, 촛대가 방 안에 고정되어 있듯이 한집에 고정적으로 사는 사람은 '주인'이라는 뜻.

상용어휘
主人	zhǔrén [쥬런]	주인
主要	zhǔyào [쥬야오]	주요하다, 주로
主意	zhǔyi [쥬이]	생각, 의견
民主	mínzhǔ [민쥬]	민주(적이다)

총획 5획　　**필순** 丶 亠 亠 主 主　　**안자** 主 임금/주인 주

注

zhù [쮸]

쏟다, 주입하다

Tip 물[氵]을 주된[主] 흐름에서 끌어대는 데서 '주입하다', '한곳에 집중하다'는 뜻이 됨.

상용어휘
注射	zhùshè [쮸셔]	주사하다
注视	zhùshì [쮸스]	주시하다, 주목하다
注释	zhùshì [쮸스]	주석
注意	zhùyì [쮸이]	주의하다, 조심하다

총획 8획　　**필순** 丶 氵 氵 氵 汁 注 注 注　　**안자** 注 물댈 주

zhù [쭈]

살다, 거주하다

Tip 사람[亻]은 일정한 곳에 주[主]로 머물러 산다는 데서 '살다', '머무르다'의 뜻이 됨.

상용어휘		
住处	zhùchù [쭈츄]	주소, 소재지
住房	zhùfáng [쭈팡]	주택
住宅	zhùzhái [쭈쟈이]	(규모가 큰) 주택
居住	jūzhù [쮜쭈]	거주하다, 살다

총획 7획 | 필순 丿亻亻亻广住住住 | 안자 住 살 주

ma, má, mǎ [마]

의문을 나타내는 어기조사, ~이에요?

Tip '马(mǎ)'는 음을 나타내고, '口'는 '질문(하다)'라는 뜻을 나타냄.

상용어휘		
是吗	shì ma [스마]	그렇습니까
吗啡	mǎfēi [마페이]	모르핀
干吗	gànmá [깐마]	왜, 어째서, 무엇을 하는가
可不是吗	kě bú shì ma [커부스마]	그렇고 말고, 물론이지

총획 6획 | 필순 丨口口吗吗吗 | 안자 嗎 의문조사 마

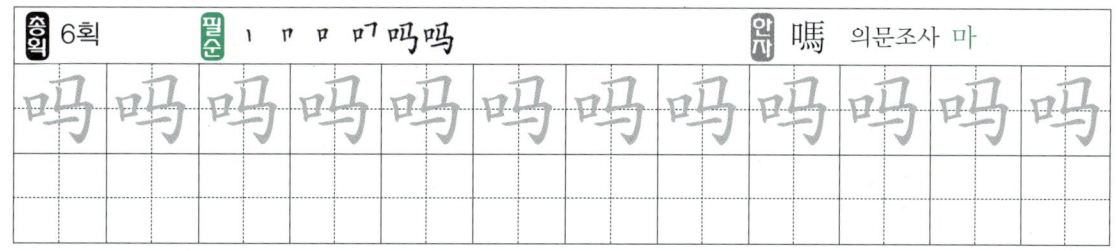

呢

ne [너]
동작이나 상황의 지속을 나타내는 어기조사

Tip 呢 '口'는 '질문(하다)'라는 뜻을 나타내고, '尼'는 음을 나타냄. 필순과 'ヒ(bǐ)'의 쓰는 법에 주의할 것.

상용어휘 你呢?　　Nǐ ne? [니너]　　당신은요?

| 총획 8획 | 필순 ㅣ 口 口⁷ 叩 叩 呢 呢 | 한자 呢 조사 니 |

吧

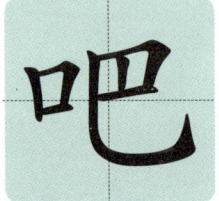

ba, bā [바, 빠]
추측, 제의 등을 나타내는 어기조사, 바(bar)

Tip 吧 '巴(bā)'는 음을 나타내고, '口'는 '질문(하다)'라는 뜻을 나타냄.

상용어휘
走吧　　zǒuba [쪼우바]　　가자
茶吧　　chábā [챠빠]　　찻집
酒吧　　jiǔbā [지우빠]　　술집, 바(bar)
网吧　　wǎngbā [왕빠]　　PC방

| 총획 7획 | 필순 ㅣ 口 口 口⁷ 吅 吧 | 한자 吧 어조사 파 / 罷 마칠 파 |

把

bǎ [바]

손잡이, ~을(를)

Tip 손바닥[扌]을 바싹 대고 잡는[巴] 모양에서 '잡다', '쥐다'의 뜻이 됨.

상용어휘
把关	bǎguān [바꽌]	관문을 지키다, 책임을 지다, 검사하다
把守	bǎshǒu [바쇼우]	지키다, 수비하다
把手	bǎshou [바쇼우]	손잡이
把握	bǎwò [바워]	잡다, 쥐다, 자신, 확신

총획 7획 필순 一 十 扌 扌 扣 扣 把 한자 把 잡을 파

色

sè [써]

색, 색깔, 안색

Tip 무릎 꿇는[巴(무릎 꿇은 모양)] 사람 위에 사람[⺈←人]이 있는 모양에서, 남녀의 애정을 나타냄. '빛', '색깔'의 뜻.

상용어휘
色彩	sècǎi [써차이]	색채
色调	sèdiào [써띠아오]	색조
景色	jǐngsè [징써]	경치, 풍경
颜色	yánsè [옌써]	색, 색깔

총획 6획 필순 ノ ⺈ ⺈ 多 多 色 한자 色 빛 색

儿

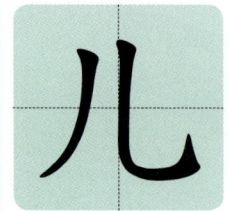 ér [얼]
아이, 아들

Tip 옛 글자는 갓난아기(영아)의 형상과 비슷하고, 간체자는 두 다리만 있음.

상용어휘
儿女	érnǚ [얼뉘]	아들과 딸, 자녀
儿孙	érsūn [얼쑨]	아들과 손자
儿童	értóng [얼퉁]	어린이, 아동
儿子	érzi [얼즈]	아들

총획 2획　**필순** ㇠ 儿　　**안자** 兒 아이 아

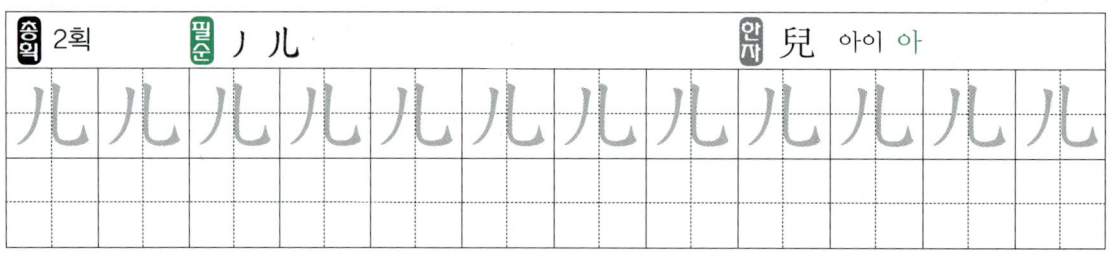

几

jī, jǐ [찌, 지]
몇(주로 10 이하의 확실치 않은 수를 물을 때)

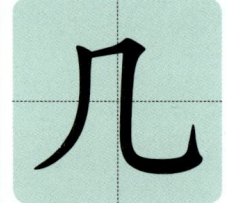

Tip '几'와 '儿'를 혼동하지 않도록 주의할 것.

상용어휘
几乎	jīhū [찌후]	거의, 하마터면
几个	jǐ ge [지거]	몇 개
几十	jǐshí [지스]	수십
几时	jǐshí [지스]	언제

총획 2획　**필순** ㇀ 几　　**안자** 幾 몇 기

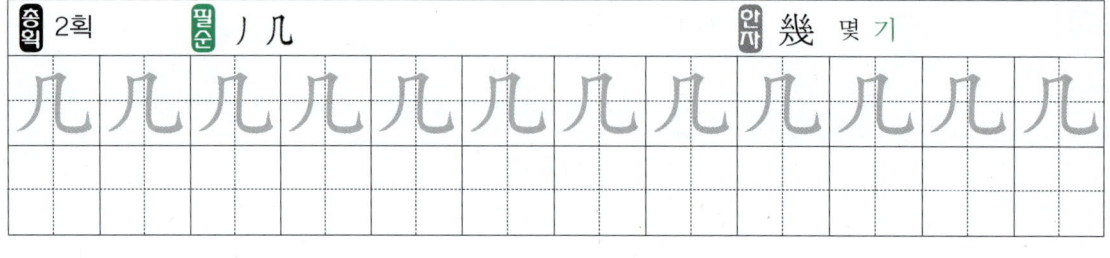

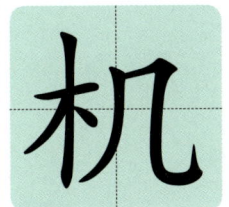

jī [찌]

기계, 기구, 비행기

Tip 機 '几(jī, jǐ)'는 음을 나타내고, '木'은 뜻을 나타냄.
고대에 '기계'는 주로 나무로 만들었음.

상용어휘			
	机场	jīchǎng [찌챵]	공항
	机会	jīhuì [찌훼이]	기회
	飞机	fēijī [페이지]	비행기
	司机	sījī [스찌]	기사, 운전사

 6획　　필순 一 十 才 木 朩 机　　안자 機 틀 기

机 机 机 机 机 机 机 机 机 机 机 机

yàng [양]

모양

Tip 樣 '羊(yáng)'은 음을 나타냄.

상용어휘			
	样品	yàngpǐn [양핀]	샘플, 견본
	样式	yàngshì [양스]	양식, 스타일
	样子	yàngzi [양즈]	모양
	一样	yíyàng [이양]	같다, 동일하다

 10획　　 一 十 才 木 术 栏 样 样　　안자 樣 모양 양

样 样 样 样 样 样 样 样 样 样 样 样

yǎng [양]

기르다, 양육하다, 부양하다

Tip 養 양을 먹여 기른다는 데서 '기르다'의 뜻이 됨.

상용어휘
养老	yǎnglǎo [양라오]	노인을 봉양하다
养育	yǎngyù [양위]	기르다, 양육하다
教养	jiàoyǎng [찌아오양]	교양, 가르치고 키우다
培养	péiyǎng [페이양]	배양하다, 키우다

총획 9획   필순 丷 丷 亠 䒑 羊 美 美 养   한자 養 기를 양

měi [메이]

예쁘다, 아름답다

Tip 美 크고[大] 살진 양[羊=羊]이 보기 좋다는 데서 '아름답다'의 뜻이 됨.

상용어휘
美观	měiguān [메이꽌]	보기 좋다, 예쁘다
美丽	měilì [메이리]	예쁘다, 아름답다
美术	měishù [메이슈]	미술
完美	wánměi [완메이]	완미하다, 흠잡을 데가 없다

총획 9획   필순 丷 丷 䒑 䒑 羊 羊 美 美   한자 美 아름다울 미

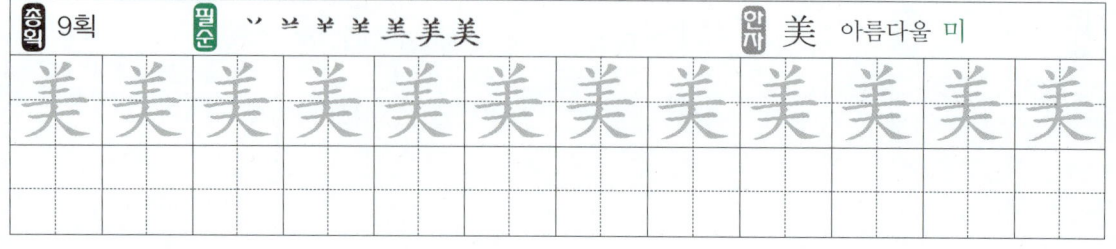

门

mén [먼]

문

Tip 門 옛 글자는 좌우 두 개의 문짝을 달아 놓은 모양을 본떠 '문'을 나타냄.

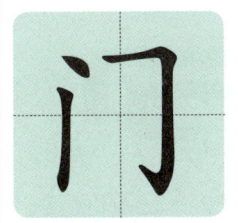

상용어휘			
门户	ménhù	[먼후]	문, 출입문
门口	ménkǒu	[먼코우]	입구, 현관
门票	ménpiào	[먼피아오]	입장권
大门	dàmén	[따먼]	대문

총획 3획　필순 ｀ 亻 门　　안자 門 문 문

们

mén, men [먼]

~들(인칭대명사, 사람을 나타내는 복수형 단어)

Tip 們 '门(mén)'은 음을 나타내고, '亻'은 '사람'이라는 뜻을 나타냄.

상용어휘			
你们	nǐmen	[니먼]	너희들, 당신들
他们	tāmen	[타먼]	그들
她们	tāmen	[타먼]	그녀들
咱们	zánmen	[잔먼]	우리

총획 5획　필순 ノ 亻 亻 们 们　　안자 們 무리 문

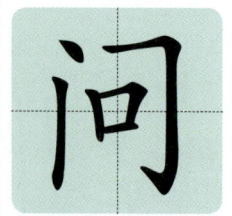

wèn [원]

묻다

Tip 間 문[门]에 들어서면서 안부의 말[口]을 한다 하여 '묻다'의 뜻이 됨.

상용어휘		
问答	wèndá [원다]	문답(하다)
问好	wènhǎo [원하오]	안부를 묻다, 문안드리다
问题	wèntí [원티]	문제
访问	fǎngwèn [팡원]	방문하다

총획 6획 필순 `丶亠门门问问问` 안자 問 물을 문

jiān, jiàn [찌엔]

사이, 간접적인

Tip 間 햇빛[日]이 들어오는 문[门] 틈을 가리켜 '사이'의 뜻을 나타냄.

상용어휘		
空间	kōngjiān [콩찌엔]	공간
民间	mínjiān [민찌엔]	민간
人间	rénjiān [런찌엔]	세상, 속세
时间	shíjiān [스찌엔]	시간

총획 7획 필순 `丶亠门门问间间` 안자 間 사이 간

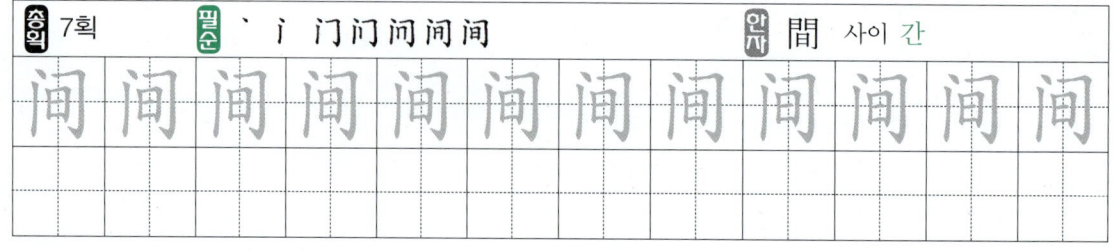

wén [원]

듣다

Tip 聞 귀[耳]는 소리를 듣는 문[门]이라는 데서 '듣다', '들리다'의 뜻이 됨.

상용어휘			
	闻名	wénmíng [원밍]	이름을 듣다, 유명하다
	见闻	jiànwén [찌엔원]	견문
	据闻	jùwén [쮜원]	듣자하니, 들은 바에 의하면
	新闻	xīnwén [씬원]	뉴스

총획 9획 　필순 ｀门门问问闻闻　안자 聞 들을 문

jiǎn [지엔]

간단하다

Tip 簡 대나무[竹]를 쪼개 그 안쪽[间]에 간략하게 썼던 글에서 '간략하다'의 뜻이 됨.

상용어휘			
	简单	jiǎndān [지엔딴]	간단하다, 단순하다
	简明	jiǎnmíng [지엔밍]	간단명료하다
	简体	jiǎntǐ [지엔티]	간체의, 간체자
	简直	jiǎnzhí [지엔즈]	그야말로, 정말

총획 13획 　필순 ｀ ｀｀ ｀｀｀ ｀｀｀竹 竹 竹 简 简　안자 簡 대쪽/간략할 간

zuó [주오]

어제

 昨 하루 해[日]가 잠깐 사이[乍]에 지고 다시 뜨니 그 전날을 가리켜 '어제'를 뜻함.

상용어휘

昨儿	zuór [주올]	어제
昨日	zuórì [주오르]	어제
昨天	zuótiān [주오티엔]	어제
昨晚	zuówǎn [주오완]	어제 저녁

총획 9획　**필순** 丨 冂 日 日' 旷 旷 昨 昨　**안자** 昨 어제 작

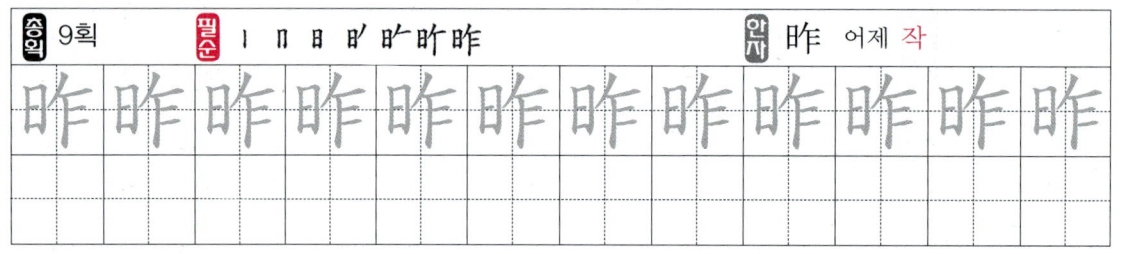

zuò [쭈오]

일하다, 만들다

 作 사람[亻]이 잠시[乍]도 쉬지 않고 일함으로써 무언가를 이루어낸다는 데서 '짓다', '일하다'의 뜻이 됨.

상용어휘

作家	zuòjiā [쭈오찌아]	작가
作品	zuòpǐn [쭈오핀]	작품
作业	zuòyè [쭈오예]	숙제, 과제
作用	zuòyòng [쭈오용]	작용(하다)

총획 7획　**필순** 丿 亻 亻 仁 作 作 作　**안자** 作 지을 작

zěn [전]

왜, 어째서

Tip '乍'는 음을 나타내고, '怎'은 'zuò'라고 읽지 않도록 주의할 것.

상용어휘		
怎么	zěnme [전머]	어떻게
怎样	zěnyàng [전양]	어떻게, 어떠하냐, 어때
怎么办	zěnme bàn [전머빤]	어떡해, 어찌하냐
怎么样	zěnmeyàng [전머양]	어때

총획 9획　필순 ノ 一 ト 仁 乍 乍 怎 怎 怎　　한자 怎 어찌 즘

xīn [씬]

마음

Tip 심장의 모양을 본뜬 글자로, '마음'을 뜻함.

상용어휘		
心爱	xīn'ài [씬아이]	진심으로 사랑하다
心得	xīndé [씬더]	느낌, 소감, 체득
心情	xīnqíng [씬칭]	심정, 기분
担心	dānxīn [딴씬]	염려하다, 걱정하다

총획 4획　필순 丶 心 心 心　　한자 心 마음 심

必

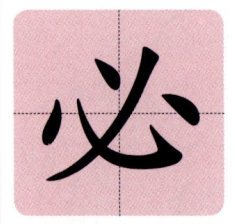

bì [삐]

반드시

Tip 必 땅을 나눌[八(둘로 나누어져 있는 형상)] 때 구분을 위해 말뚝[弋]을 세우는 데서 '반드시', '꼭', '오로지'의 뜻이 됨.

상용어휘

必然	bìrán [삐란]	필연적이다, 반드시, 꼭
必须	bìxū [삐쉬]	반드시 ~해야 한다
必要	bìyào [삐야오]	필요로 하다
何必	hébì [허삐]	~할 필요가 없다

 5획 **필순** 丶 丷 必 必 必   **안자** 必 반드시 필

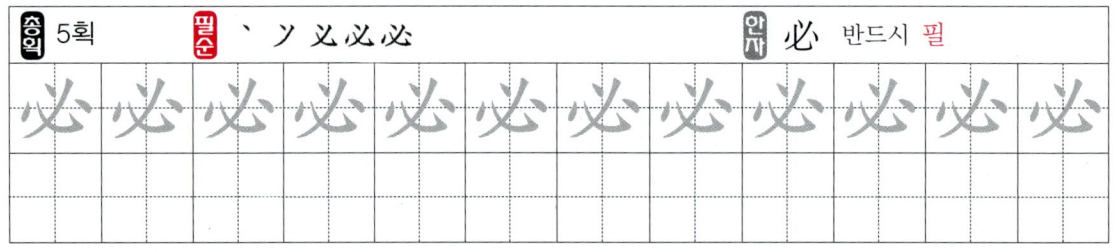

去

qù [취]

가다

Tip 去 사람[土]이 밥그릇[厶(밥그릇 모양)]을 버리고 떠나는 모양에서 '가다'의 뜻이 됨.

상용어휘

去处	qùchù [취츄]	장소, 행방
去年	qùnián [취니엔]	작년
过去	guòqù [꿔취]	과거, 지나가다
进去	jìnqù [찐취]	들어가다

 5획 **필순** 一 十 土 去 去   去 갈 거

却

què [취에]

후퇴하다

Tip 무릎[卩]을 구부려 수그리고 뒷걸음질해 물러나는[去] 모양에서 '물러나다', '물리치다'의 뜻이 됨.

상용어휘			
却步	quèbù	[취에뿌]	물러서다, 뒷걸음질하다
冷却	lěngquè	[렁취에]	냉각(하다)
推却	tuīquè	[퉤이취에]	거절하다, 사양하다
退却	tuìquè	[퉤이취에]	퇴각하다, 후퇴하다

총획 7획　필순 一 十 土 去 去 却 却　한자 却 물리칠 각

到

dào [따오]

도착하다, 이르다

Tip 안전을 위해 몸에 칼[刂]을 지니고 위험한 곳을 무사히 지나 목적한 곳에 닿은[至] 데서 '이르다', '닿다'의 뜻이 됨.

상용어휘			
到处	dàochù	[따오츄]	도처, 곳곳
到达	dàodá	[따오다]	도착하다, 도달하다
迟到	chídào	[츠따오]	지각하다
遇到	yùdào	[위따오]	만나다, 마주치다

총획 8획　필순 一 工 互 互 至 至 到　한자 到 이를 도

dǎo, dào [다오, 따오]

넘어지다, 뒤집히다, (술 등을) 따르다

Tip 사람[亻]이 땅으로 곤두박질하며 넘어지는[到] 모양에서 '거꾸러지다', '뒤집어지다', '거스르다'의 뜻이 됨.

상용어휘			
倒闭	dǎobì	[다오삐]	도산하다
倒台	dǎotái	[다오타이]	쓰러지다, 실각하다
倒数	dàoshǔ	[따오슈]	거꾸로 세다, 뒤에서부터 세다
倒退	dàotuì	[따오퉤이]	후퇴하다, 뒤로 물러나다

총획 10획　필순 亻 亻 亻 亻 亻 俰 俰 倒　한자 倒　거꾸러질 도

fǎ [파]

법률, 방법

Tip 잔잔한 수면[氵]처럼 모든 사람들에게 공평하고, 악을 제거[去]한다는 데서 '법', '본받다'의 뜻이 됨.

상용어휘			
法官	fǎguān	[파꽌]	법관
法国	Fǎguó	[파궈]	프랑스
法律	fǎlǜ	[파뤼]	법률
犯法	fànfǎ	[판파]	법을 위반하다

총획 8획　필순 丶 氵 氵 汁 注 法 法　한자 法　법 법

zhī [쯔]

가다, 지시대명사(이것, 저것 등), ~의

Tip 옛 글자는 땅[一]에서 풀의 싹[屮]이 돋아 뻗어 나가는 모양을 본떠 만듦. 알파벳 Z에 점을 하나 찍은 모양.

상용어휘
之后	zhīhòu [쯔호우]	~뒤, 그 후
之间	zhījiān [쯔찌엔]	사이
之内	zhīnèi [쯔네이]	~의 안
之下	zhīxià [쯔씨아]	~의 아래

총획 3획　**필순** 丶 ㇇ 之　**한자** 之 갈 지

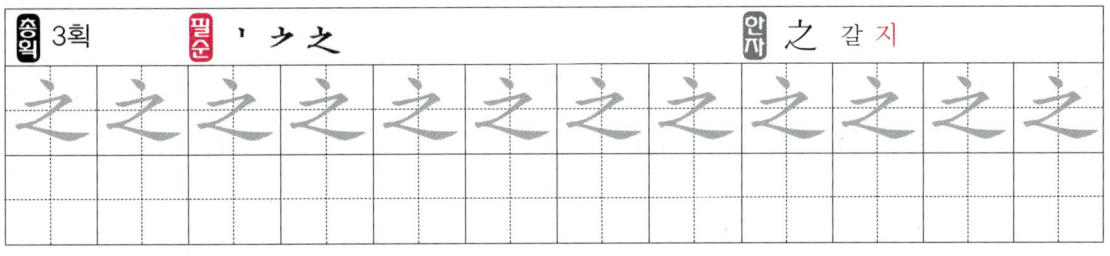

wén [원]

글, 문장, 문화

Tip 획을 이리저리 그어 만든 '글자'의 모양을 본뜬 글자. 세 번째 획은 'ノ'이고, 네 번째 획은 '㇏'이므로 필순에 주의할 것.

상용어휘
文化	wénhuà [원화]	문화
文学	wénxué [원쉐]	문학
文章	wénzhāng [원짱]	문장
文字	wénzì [원쯔]	문자, 글자

총획 4획　**필순** 丶 亠 ナ 文　**한자** 文 글월 문

zhè [쩌]

이, 이것

Tip  왼쪽 아래는 '辶'이지, '之'가 아님에 주의할 것.

상용어휘
这里	zhèlǐ [쩌리]	여기, 이곳
这么	zhème [쩌머]	이렇게, 이러한
这儿	zhèr [쩌얼]	여기, 이곳
这样	zhèyàng [쩌양]	이렇다, 이와 같다

총획 7획　**필순** 丶 一 亠 文 文 这 这　**한자** 這 이 저

nà, nèi [나, 네이]

그(것), 저(것)

Tip 왼쪽이 '月'이 아님에 주의할 것.

상용어휘
那个	nàge [나거]	그(것), 저(것)
那里	nàlǐ [나리]	그곳, 저곳
那么	nàme [나머]	그렇게, 저렇게
那儿	nàr [날]	그곳, 저곳

총획 6획　**필순** 丁 ヲ 丮 月 月 那　**한자** 那 어찌 나

哪

nǎ, na [나]

어느, 어느 것

Tip '那(nà)'는 음을 나타내고, '口'은 '질문(하다)'라는 뜻을 나타냄.

상용어휘	哪个	nǎge [나거]	어느 (것)
	哪里	nǎlǐ(li) [나리]	어디, 어느 곳
	哪儿	nǎr [날]	어디, 어느 곳
	哪些	nǎxiē [나씨에]	어느, 어떤 [복수형]

총획 9획　**필순** 口 叨 叨 叨 叨 哪ㇳ哪　**안자** 哪　어찌/역귀쫓을 나

谁

shuí, shéi [쉐이, 셰이]

누구

Tip   중간에 있는 글자 모양은 사람[亻]을 나타내며, '누가 중간에 있는가?'라는 의미에서 '누구'라는 뜻이 됨.

상용어휘	谁边	shéibiān [셰이삐엔]	어디
	谁个	shéigè [셰이꺼]	누구, 어느 사람
	谁人	shéirén [셰이런]	누구, 어떤 사람
	谁谁	shéishéi [셰이셰이]	누구누구, 모모

총획 10획　**필순** 丶 讠 计 讣 讣 讯 诈 谁 谁　**안자** 誰　누구 수

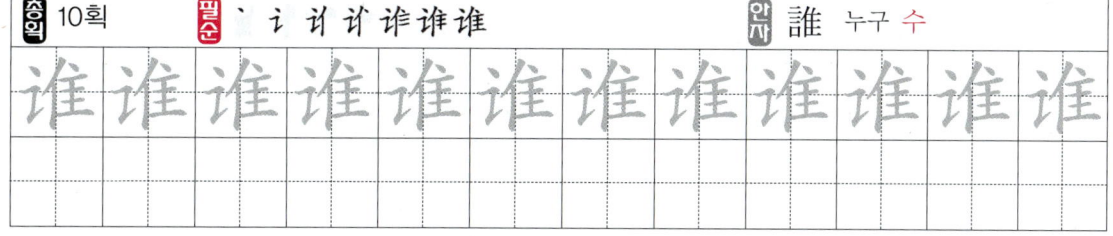

105

nán, nàn [난]

어렵다

Tip 難 '难'을 쓰는 것은 어렵지 않음. '又'와 '隹'만 합치면 됨.

상용어휘
难过	nánguò [난꿔]	괴롭다, 슬프다
难看	nánkàn [난칸]	보기 싫다, 떳떳하지 못하다
苦难	kǔnàn [쿠난]	고난
困难	kùnnan [쿤난]	곤란, 어려움

총획 10획 **필순** 又 产 歺 歺 歺 难 难 难 **한자** 難 어려울 난

难 难 难 难 难 难 难 难 难 难 难

zhǔn [쥰]

정확하다, 허락하다

Tip 準 '隹(zhuī)'는 '새'이고, 'ㅋ'은 '빙설(얼음, 눈)'을 나타냄.
'准'은 새가 눈밭 위의 먹이를 향해 돌진할 때, 반드시 정확해야 한다는 것을 가리킴.

상용어휘
准备	zhǔnbèi [쥰뻬이]	준비(하다)
准则	zhǔnzé [쥰저]	준칙, 규범
标准	biāozhǔn [비아오쥰]	표준
批准	pīzhǔn [피쥰]	비준하다, 허가하다

총획 10획 **필순** ㅋ ㅋ 汁 汁 浐 浐 准 准 **한자** 準 준할/법도 준

准 准 准 准 准 准 准 准 准 准 准

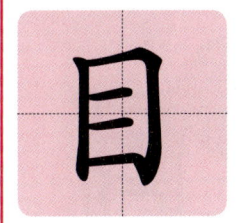

mù [무]

눈, 목록, 항목

Tip 사람의 '눈'의 모양을 본뜬 글자.

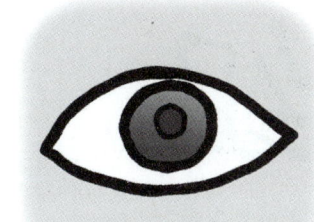

상용어휘
目标	mùbiāo [무비아오]	목표
目的	mùdì [무띠]	목적
目录	mùlù [무루]	목록
题目	tímù [티무]	제목

총획 5획 　필순 ㅣ 冂 冂 目 目 　안자 目 눈 목

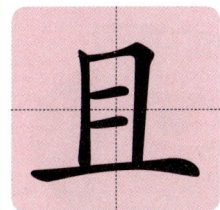

qiě [치에]

게다가, 잠깐

Tip 제사 때 쓰는 그릇인 제기 위에 음식을 쌓아 괸 모양에서 '또', '게다가'의 뜻이 됨.

상용어휘
且慢	qiěmàn [치에만]	잠깐 기다려라, 서두르지 마라
而且	érqiě [얼치에]	게다가
姑且	gūqiě [꾸치에]	잠시, 잠깐, 우선
况且	kuàngqiě [쾅치에]	하물며, 더구나

총획 5획 　필순 ㅣ 冂 冃 目 且 　안자 且 또 차

zǔ [주]

조, 조직하다, 구성하다

Tip 組 많은 실오리를 합쳐 땋아 짜는 모양에서 '짜다', '구성하다', '만들다'의 뜻이 됨.

상용어휘
组成	zǔchéng [주청]	구성하다, 조직하다
组合	zǔhé [주허]	조합(하다)
组织	zǔzhī [주쯔]	구성하다, 조직하다
改组	gǎizǔ [가이주]	개편하다

총획 8획 필순 ⺈ ⺌ ⺍ 纟 纩 纩 组 组 한자 組 짤 조

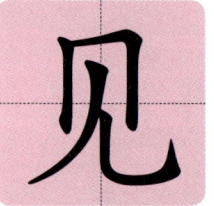

jiàn [찌엔]

만나다, 보다

Tip 見 사람이 눈으로 본다는 데서 '보다', '나타나다'의 뜻이 됨.

상용어휘
见面	jiànmiàn [찌엔미엔]	만나다, 대면하다
会见	huìjiàn [훼이찌엔]	회견하다, 접견하다
接见	jiējiàn [찌에찌엔]	접견하다, 만나다
再见	zàijiàn [짜이찌엔]	또 뵙겠습니다, 안녕

총획 4획 필순 丨 冂 贝 见 한자 見 볼 견 / 뵈올 현

xiàn [씨엔]

현재, 나타나다

 现 옥돌[王]을 갈아서 빛이 나는[见] 모양에서 '나타나다'의 뜻이 됨.

상용어휘
现代	xiàndài [씨엔따이]	현대
现金	xiànjīn [씨엔찐]	현금
现在	xiànzài [씨엔짜이]	현재, 지금
表现	biǎoxiàn [비아오씨엔]	표현하다, 나타내다

8획 | 필순 一 二 千 王 王 珂 珂 现 现 | 한자 现 나타날 현

现现现现现现现现现现现

shì [스]

보다, 살피다, 시력

 视 내가 보고[见] 또 남에게 보이는[衤] 모양에서 '보다', '살피다', '견주다'의 뜻이 됨.

상용어휘
视力	shìlì [스리]	시력
视听	shìtīng [스팅]	보고 듣는 것, 시청
电视	diànshì [띠엔스]	텔레비전
重视	zhòngshì [쫑스]	중요시하다

8획 | 필순 ` ㇒ ㇓ 衤 衤 衤 初 视 视 | 한자 视 볼 시

视视视视视视视视视视视视

观

guān [꽌]

보다, 살피다, 구경하다

Tip 참관은 자세하게 봐야 하며, 한 번 더(又) 보라(见)는 뜻을 나타냄.

상용어휘
观察	guānchá	[꽌챠]	관찰하다
观光	guānguāng	[꽌꽝]	관광하다, 참관하다, 견학하다
观看	guānkàn	[꽌칸]	관찰하다, 관람하다
参观	cānguān	[찬꽌]	참관하다, 견학하다

총획 6획 　필순 ⺁ 又 刈 𠙓 观 观 　안자 觀 볼 관

觉

jué, jiào [쮀, 찌아오]

느끼다, 느낌, 잠(수면)

Tip 사람은 모든 일을 보고[见] 배워[⺍] 안다는 데서 '깨닫다', '느끼다'의 뜻이 됨.

상용어휘
觉得	juéde	[쮀더]	~라고 느끼다, ~라고 생각하다
感觉	gǎnjué	[간쮀]	감각, 느낌, 느끼다
知觉	zhījué	[쯔쮀]	지각, 감각
睡觉	shuìjiào	[쉐이찌아오]	(잠을) 자다

총획 9획 　필순 ⺍ ⺍ 𫩎 𫩎 𫩎 觉 觉 　안자 覺 깨달을 각

míng [밍]

이름, 유명한

Tip 저녁[夕]에는 보이지 않아 입[口]으로 '이름'을 부른다는 데서 나온 글자.

상용어휘
名词	míngcí [밍츠]	명사
名字	míngzi [밍쯔]	이름
姓名	xìngmíng [씽밍]	성명
有名	yǒumíng [요우밍]	유명하다

총획 6획 **필순** ノクタタ名名 **한자** 名 이름 명

gè [꺼]

각자, 각각

Tip 앞 사람과 뒤에 오는[夂] 사람의 말[口]이 서로 다른 데서 '각각'을 뜻하는 글자가 됨.

상용어휘
各个	gè ge [꺼거]	각각의, 하나하나
各界	gèjiè [꺼찌에]	각계, 각 분야
各位	gèwèi [꺼웨이]	여러분
各自	gèzì [꺼쯔]	각자, 제각기

총획 6획 **필순** ノクタ夂各各 **한자** 各 각각 각

kè [커]

손님

 다른 곳에서 집[宀]을 찾아온 각각[各]의 사람들이라는 데서 '손님', '나그네'를 뜻함.

상용어휘			
客气	kèqi	[커치]	겸손하다, 예의가 바르다, 사양하다
客人	kèrén	[커런]	손님
乘客	chéngkè	[청커]	승객
旅客	lǚkè	[뤼커]	여행객

총획 9획 필순 宀宀宀宀宀客客 한자 客 손 객

lù [루]

길

 사람들이 저마다[各] 걸어다니는[足] 곳이라는 데서 '길'을 뜻함.

상용어휘			
路程	lùchéng	[루청]	노정(路程)
出路	chūlù	[츄루]	출구, 활로
门路	ménlù	[먼루]	방법, 실마리
上路	shànglù	[샹루]	출발하다, 여정에 오르다

총획 13획 필순 呈 呈 趴 趵 趵 路 路 한자 路 길 로

万

wàn [완]

만(10,000)

Tip 옛 글자는 전갈의 모양을 본뜬 글자. 전갈이 알을 매우 많이 낳는다는 데서 '일만', '많다'의 뜻이 됨.

상용어휘			
	万分	wànfēn [완펀]	대단히, 매우
	万一	wànyī [완이]	만일, 만약
	百万	bǎiwàn [바이완]	백만(1,000,000)
	千万	qiānwàn [치엔완]	절대로, 제발

총획 3획 | 필순 一丁万 | 안자 萬 일만 만

万 万 万 万 万 万 万 万 万 万 万 万

方

fāng [팡]

사각형

 Tip 두 척의 배를 나란히 붙인 모양을 본떠, 그 주위가 네모져 보인다는 데서 '모나다', '사각형'의 뜻이 됨.

상용어휘			
	方便	fāngbiàn [팡삐엔]	편리하다
	方法	fāngfǎ [팡파]	방법, 방식
	方面	fāngmiàn [팡미엔]	방면, 분야
	方向	fāngxiàng [팡씨앙]	방향

총획 4획 | 필순 丶亠方方 | 안자 方 모 방

方 方 方 方 方 方 方 方 方 方 方 方

fáng [팡]

방, 집

Tip 집[戶] 안의 한쪽[方]에 있는 방의 모양에서 '방', '곁방', '거처'의 뜻이 됨.

상용어휘			
房间	fángjiān	[팡찌엔]	방
房子	fángzi	[팡즈]	집
厨房	chúfáng	[츄팡]	주방, 부엌
书房	shūfáng	[슈팡]	서재

총획 8획　　필순 ` ㇏ ㄱ 户 户 房 房　　안자 房 방 방

fàng [팡]

놓다, 방송하다

Tip 회초리로 쳐서[攵] 다른 곳[方]으로 멀리 '풀어주다', '놓아주다'는 뜻.

상용어휘			
放大	fàngdà	[팡따]	크게 하다, 확대하다
放心	fàngxīn	[팡씬]	안심하다, 마음을 놓다
放学	fàngxué	[팡쉐]	방학하다
放映	fàngyìng	[팡잉]	상영하다, 방영하다

총획 8획　　필순 ㇀ ㇇ 方 方 方 放 放　　안자 放 놓을 방

114

可

kě [커]

~해도 좋다, ~할 만하다

Tip 可 웃을 때 숨이 막히지 않고[丁(입안 모양)] 목구멍으로 거침없이 나오듯 하는 말[口]이라는 데서 '옳다', '허락하다'의 뜻이 됨.

상용어휘
可爱	kě'ài [커아이]	귀엽다
可能	kěnéng [커넝]	아마, 가능성, 가능하다
可是	kěshì [커스]	그러나
可以	kěyǐ [커이]	~할 수 있다, ~해도 좋다

총획 5획 **필순** 一丁丏可可 **한자** 可 옳을 **가**

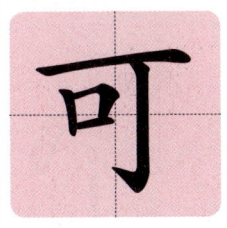

何

hé [허]

무엇, 무슨, 어느(의문을 나타냄)

Tip 何 마음을 내어[可] 짐을 멘 사람[亻]에게 그것이 무엇인지 묻는다는 데서 '어찌', '무엇', '누구'의 뜻이 됨.

상용어휘
何必	hébì [허삐]	~할 필요가 없다
何不	hébù [허뿌]	왜 ~하지 않느냐
何等	héděng [허덩]	어떤, 어쩌면, 얼마나
如何	rúhé [루허]	어떻게, 어떤

총획 7획 **필순** ノ亻イ仁仃何何 **한자** 何 어찌 **하**

115

cí [츠]

단어, 가사, 대사

 맡은[司] 일에 대하여 의견을 말[讠]로 나타내는 모양에서 '글', '말', '단어'의 뜻이 됨.

상용어휘

词典	cídiǎn [츠디엔]	사전
词汇	cíhuì [츠훼이]	어휘
动词	dòngcí [똥츠]	동사
名词	míngcí [밍츠]	명사

총획 7획 **필순** `丶讠汀汩词词词` **한자** 詞 말/글 사

词 词 词 词 词 词 词 词 词 词 词 词

diǎn [디엔]

점, 주문하다, (고개를) 끄덕이다

  '点'자 아래에는 점[灬]이 네 개 있음.

상용어휘

点火	diǎnhuǒ [디엔훠]	점화하다, 불을 붙이다
点头	diǎntóu [디엔토우]	머리를 끄덕이다
点心	diǎnxīn [디엔씬]	간식
一点儿	yìdiǎnr [이디얼]	약간, 조금

총획 9획 **필순** `⺊占占占占点点` **한자** 點 점 점

点 点 点 点 点 点 点 点 点 点 点 点

zhào [쨔오]

비치다, 비추다, (사진 등을) 찍다

Tip 불빛[灬=火]이 밝은[昭] 모양에서 '비치다', '빛나다'의 뜻이 됨.

상용어휘
照顾	zhàogù [쨔오꾸]	돌보다, 고려하다
照片	zhàopiàn [쨔오피엔]	사진
护照	hùzhào [후쨔오]	여권
照相机	zhàoxiàngjī [쨔오씨앙찌]	사진기, 카메라

총획 13획 **필순** 丨 日 日⁷ 日⁷ 昭 昭 照 **한자** 照 비칠 조

rè [러]

덥다, 데우다

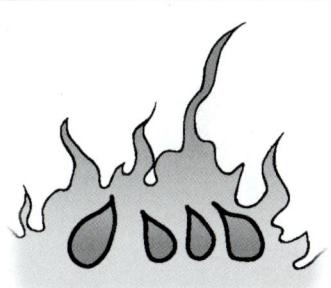

Tip 熱 타오르는 불길[灬=火]이 세찬[执] 모양에서 '뜨겁다', '덥다'의 뜻이 됨.

상용어휘
热门	rèmén [러먼]	인기있는 것
热闹	rènao [러나오]	번화하다
热情	rèqíng [러칭]	열정(적이다), 친절하다
热心	rèxīn [러씬]	열심이다, 열성적이다

총획 10획 **필순** 一 亅 扌 扌 扌 执 执 热 **한자** 熱 더울 열

117

rán [란]

이와 같다, 그렇다

Tip 개[犬] 고기[夕←肉(고기 육)]를 불[灬=火]에 그슬려 먹는 것은 당연하다 하여 '그러하다'의 뜻이 됨.

상용어휘
然后	ránhòu [란호우]	그런 후에, 그리고 나서, 그 다음에
既然	jìrán [찌란]	기왕 ~된 이상
突然	tūrán [투란]	갑자기
自然	zìrán [쯔란]	자연(스럽다)

총획 12획 **필순** 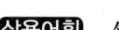 ク タ 夕 夕 妖 妖 然 然 **한자** 然 그러할 연

然 然 然 然 然 然 然 然 然 然 然 然

hé, hè, huo [허, 훠]

조화롭다, 따스하다

Tip 농사지은 곡식[禾]을 수확하여 함께 먹는[口] 모양에서 '화목하다'의 뜻이 됨.

상용어휘
和平	hépíng [허핑]	평화, 온화하다, 평온하다
和气	héqi [허치]	온화하다, 부드럽다, 화목하다
不和	bùhé [뿌허]	화목하지 않다
暖和	nuǎnhuo [놘훠]	따뜻하다

총획 8획 **필순** 二 千 千 禾 禾 和 和 **한자** 和 화할 화

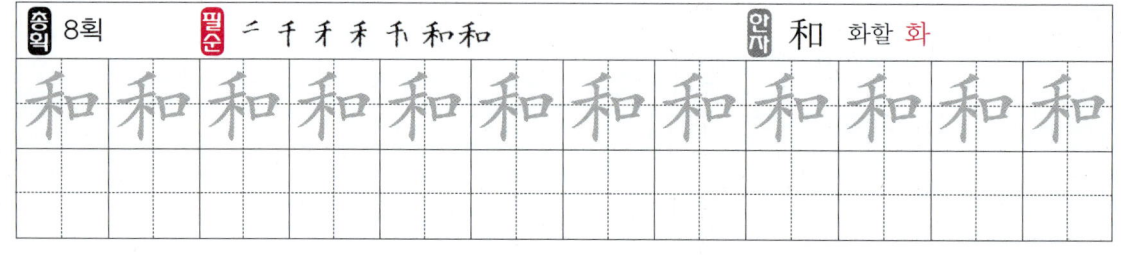

lì [리]

이익, 이득, 이자

Tip 날카로운 농기구[刂]로 논밭을 갈아 농사[禾]를 지으니 '이롭다'는 뜻.

상용어휘	利益	lìyì [리이]	이익, 이득
	利用	lìyòng [리용]	이용하다
	不利	búlì [부리]	불리하다
	有利	yǒulì [요우리]	유리하다

총획 7획 　필순 ㄧ ㄴ 千 千 禾 利 利 　안자 利 이로울 리

zhǒng, zhòng [쫑]

씨앗, 종자, 종류

Tip 벼[禾]를 기른다는 의미로, '씨', '종류'의 뜻.
 '中(zhōng, zhòng)'은 음을 나타냄.

상용어휘	种类	zhǒnglèi [쫑레이]	종류
	种子	zhǒngzi [쫑즈]	씨, 씨앗
	种地	zhòngdì [쫑띠]	농사를 짓다
	播种	bōzhǒng / bōzhòng [뽀쫑]	파종하다, 씨를 뿌리다 / 파종

총획 9획 　필순 ㄧ ㄴ 千 千 禾 禾 和 种 　안자 種 씨 종

kē [커]

과학, 과(사무조직, 생물학상의 구분)

Tip 곡식[禾]을 말[斗]로 헤아리는 과정에서 '과목', '과'를 뜻하게 됨.

상용어휘
科目	kēmù [커무]	과목, 항목
科学	kēxué [커쉐]	과학(적이다)
科研	kēyán [커옌]	과학 연구
内科	nèikē [네이커]	내과

총획 9획 　필순 ニ 千 千 禾 禾 禾 科 科　　안자 科 과목 과

lì [리]

힘, 체력

Tip 팔에 '힘'을 주었을 때 팔의 근육이 불룩해진 모양을 본뜬 글자.

상용어휘
力量	lìliang [리리앙]	힘, 역량
力气	lìqi [리치]	힘, 역량
努力	nǔlì [누리]	노력하다
势力	shìlì [스리]	세력

총획 2획　필순 フ 力　　안자 力 힘 력

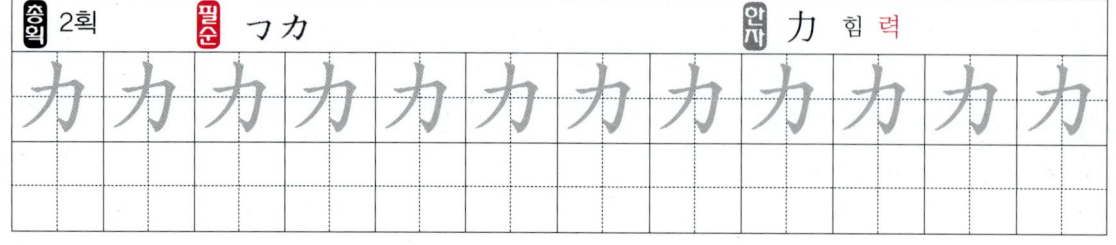

历 lì [리]

경과하다, 경험하다

Tip 歷 '力(lì)'는 음을 나타냄.

상용어휘
历代	lìdài [리따이]	역대, 대대
历来	lìlái [리라이]	예로부터
历史	lìshǐ [리스]	역사
学历	xuélì [쉐리]	학력

총획 4획 | 필순 一厂厂历历 | 안자 歷 지날 력

边 biān [삐엔]

가장자리, 변두리

Tip 邊 한편으로는 가고[辶], 또 한편으로는 근육과 힘[力]을 드러냄.

상용어휘
边境	biānjìng [삐엔찡]	변경(邊境), 국경 지대
半边	bànbiān [빤삐엔]	한쪽, 반쪽
旁边	pángbiān [팡삐엔]	옆
一边	yìbiān [이삐엔]	한쪽, 한 면, 한편으로 ~하면서 ~하다

총획 5획 | 필순 フカカ边边 | 안자 邊 가 변

办

bàn [빤]

처리하다, 다루다

Tip 辦 '办'의 부수는 '力'이며, 일을 하려면 힘이 필요함.

상용어휘
办法	bànfǎ [빤파]	방법, 수단
办理	bànlǐ [빤리]	처리하다, 해결하다
办事	bànshì [빤스]	일을 처리하다, 일을 보다
办公室	bàngōngshì [빤꽁스]	사무실

총획 4획　필순 ㄱ 力 力 办　안자 辦 힘쓸 판

为

wéi, wèi [웨이]

～을 위해서, ～때문에

Tip 爲 '为'자는 점으로 시작해 점으로 끝나니 필순에 주의할 것.

상용어휘
为此	wèicǐ [웨이츠]	이 때문에, 그런 까닭에
为了	wèile [웨이러]	～을(를) 위해서
因为	yīnwèi [인웨이]	왜냐하면, ～로 인하여
为什么	wèi shénme [웨이션머]	왜, 무엇 때문에

총획 4획　필순 丶 丿 力 为　안자 爲 할 위

122

jiā [찌아]

더하다, 첨가하다

Tip 힘써[力] 일을 하고 나서 말[口]을 곁들인다는 데서 '더하다', '덧붙이다'의 뜻이 됨.

상용어휘
加入	jiārù [찌아루]	가입하다, 넣다
加速	jiāsù [찌아쑤]	가속하다
加油	jiāyóu [찌아요우]	기름을 넣다, 힘을 내다
增加	zēngjiā [쩡찌아]	증가하다

총획 5획 　 필순 フ カ カ 加 加 　 한자 加 더할 가

dòng [똥]

움직이다, 동작하다

Tip 무거운[云] 것을 힘들여[力] '움직인다'는 뜻.

상용어휘
动力	dònglì [똥리]	동력
动物	dòngwù [똥우]	동물
动作	dòngzuò [똥쭈오]	동작, 행동
运动	yùndòng [윈똥]	운동

총획 6획 　 필순 一 二 云 云 云' 动 　 한자 動 움직일 동

wù [우]

종사하다, 일하다, 애쓰다

Tip '夊'와 '力'으로 이루어진 글자.

상용어휘
服务	fúwù [푸우]	복무하다, 서비스하다
任务	rènwu [런우]	임무
业务	yèwù [예우]	업무
义务	yìwù [이우]	의무

총획 5획   **필순** ノクタ冬务   **한자** 務 힘쓸 무

务 务 务 务 务 务 务 务 务 务 务 务

zhī, zhǐ [쯔]

마리(짐승 등을 세는 양사), 오직, 다만

Tip 입[口]에서 나오는 말소리가 흩어져[八] 그치는 모양에서 '다만', '뿐'의 뜻이 됨.

상용어휘
只好	zhǐhǎo [쯔하오]	부득이, 어쩔 수 없이
只是	zhǐshì [쯔스]	다만, 오직, 그러나
只要	zhǐyào [쯔야오]	~하기만 하면, 만약 ~라면
只有	zhǐyǒu [쯔요우]	~만 있다, ~해야만 ~이다

총획 5획   **필순** 丶口口只只   **한자** 祗 삼갈 지 / 隻 하나 척

只 只 只 只 只 只 只 只 只 只 只 只

shí [스]

알다, 식별하다

Tip 오른쪽은 '只(zhǐ)'인데, 이 글자는 'shí'로 읽음.

상용어휘
识别	shíbié [스비에]	식별하다, 가려내다
常识	chángshí [챵스]	상식
认识	rènshi [런스]	알다, 인식하다
知识	zhīshi [쯔스]	지식

총획 7획　**필순** `丶 讠 讠 识 识 识 识`　**한자** 識 알 식 / 기록할 지

识 识 识 识 识 识 识 识 识 识 识 识

xiān [씨엔]

먼저, 우선, 앞(시·공간상)

Tip 사람[儿]이 남보다 앞서 간다[㞢]는 데서 '먼저'의 뜻이 됨.

상용어휘
先进	xiānjìn [씨엔찐]	진보적인, 선진적인
先生	xiānsheng [씨엔셩]	선생, ~씨
先天	xiāntiān [씨엔티엔]	선천(적인)
先行	xiānxíng [씨엔씽]	선행하다, 먼저 가다, 미리

총획 6획　**필순** `丿 一 ㄐ 生 失 先`　**한자** 先 먼저 선

先 先 先 先 先 先 先 先 先 先 先 先

xǐ [씨]

씻다, 세탁하다

Tip 손발을 씻을 때 물[氵]에 손보다 발을 먼저[先] 넣고 씻는다는 데서 '씻다', '발 씻다'의 뜻이 됨.

상용어휘
洗脸	xǐliǎn [씨리엔]	세수하다, 세면하다
洗手	xǐshǒu [씨쇼우]	손을 씻다
洗澡	xǐzǎo [씨자오]	목욕하다
洗衣服	xǐ yīfu [씨이푸]	옷을 빨다

총획 9획 | 필순 氵氵氵汁汫泮泮洗 | 한자 洗 씻을 세

xuǎn [쉬엔]

선택하다, 뽑다

Tip 제사를 지내러 갈[辶] 공손한 사람을 먼저[先] 고른다는 데서 '뽑다', '가리다'의 뜻이 됨.

상용어휘
选拔	xuǎnbá [쉬엔바]	뽑다, 선발하다
选举	xuǎnjǔ [쉬엔쥐]	선거하다, 선출하다
选择	xuǎnzé [쉬엔저]	선택(하다)
竞选	jìngxuǎn [찡쉬엔]	경선하다, 선거 운동을 하다

총획 9획 | 필순 ノ ⺊ ⺊ ⺊ 生 先 先 选 | 한자 選 가릴 선

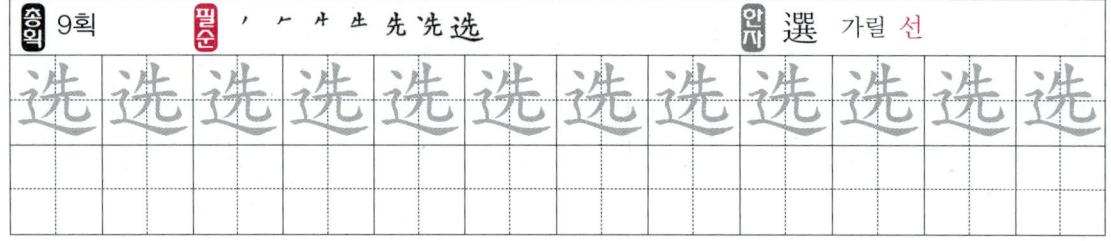

126

shèng [성]

승리하다, 이기다

Tip '生(shēng)'은 음을 나타냄.

상용어휘
胜败	shèngbài [셩빠이]	승패, 승부
胜负	shèngfù [셩푸]	승부, 승패
胜利	shènglì [셩리]	승리(하다)
战胜	zhànshèng [짠셩]	승리를 거두다, 이기다

총획 9획　필순 丿 刀 月 肵 肵 胖 胜 胜　안자 勝 이길 승

xìng [씽]

성씨

Tip 여자[女]로부터 태어난[生] 같은 혈족이라는 데서 '성씨'를 뜻함.

상용어휘
姓名	xìngmíng [씽밍]	성명
姓氏	xìngshì [씽스]	성씨
百姓	bǎixìng [바이씽]	평민, 백성
贵姓	guìxìng [꿰이씽]	(상대방의) 성, 성씨

총획 8획　필순 く 夕 女 女⺊ 女⺌ 姓 姓　안자 姓 성씨 성

性

xìng [씽]

성격, 마음, 성별

Tip 사람이 날[生] 때부터 지니고 태어난 마음[忄]이라는 데서 '성품', '본성'을 나타냄.

상용어휘
性格	xìnggé [씽거]	성격
性情	xìngqíng [씽칭]	성격, 성질
性质	xìngzhì [씽쯔]	성질
人性	rénxìng [런씽]	인성

총획 8획　**필순** ノ 忄 忄 忄 忄 性 性　**한자** 性 성품 성

话

huà [화]

말, 이야기

Tip 혀[舌]로 말[讠]을 한다 하여 '말', '말씀'의 뜻이 됨.

상용어휘
话题	huàtí [화티]	화제
听话	tīnghuà [팅화]	말을 듣다, 순종하다
电话	diànhuà [띠엔화]	전화
普通话	pǔtōnghuà [푸통화]	현대 중국어의 표준어

총획 8획　**필순** ` 讠 讠 讠 讠 话 话 话　**한자** 话 말씀 화

活

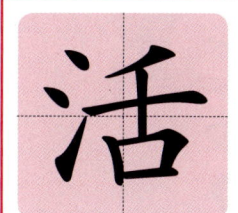

huó [훠]
살다, 살리다

Tip 물[氵] 같은 침이 혀[舌]에서 콸콸 흘러야 살 수 있다는 데서 '살다'의 뜻이 됨.

상용어휘
活动	huódòng [훠똥]	활동하다, 움직이다
活力	huólì [훠리]	활력, 활기
快活	kuàihuó [콰이훠]	쾌활하다, 유쾌하다
生活	shēnghuó [성훠]	생활

총획 9획   **필순** 氵氵氵汗汗活活   **안자** 活 살 활

活 活 活 活 活 活 活 活 活 活 活 活

讲

jiǎng [지앙]
말하다, 이야기하다

Tip   오른쪽의 '井(jǐng)'은 음을 나타냄.

상용어휘
讲话	jiǎnghuà [지앙화]	말하다, 발언하다
讲课	jiǎngkè [지앙커]	강의하다, 수업하다
讲演	jiǎngyǎn [지앙옌]	강연(하다), 연설(하다)
讲座	jiǎngzuò [지앙쭈오]	강좌

총획 6획   **필순** 丶讠讠讦讲讲   **안자** 講 강론할 강

讲 讲 讲 讲 讲 讲 讲 讲 讲 讲 讲 讲

jìn [찐]

전진하다, (밖에서 안으로) 들다

Tip 雉 '井(jǐng)'은 음을 나타내고, '辶'은 배 한 척이 앞으로 나아가고 있는 것과 비슷함.

상용어휘			
	进步	jìnbù [찐뿌]	진보하다, 진보적인
	进出	jìnchū [찐츄]	출입하다, 드나들다, 수입과 지출
	进行	jìnxíng [찐씽]	진행하다
	前进	qiánjìn [치엔찐]	앞으로 나아가다

총획 7획 　필순 一 二 卡 井 讠井 讲 进 　한자 進 나아갈 진

kū [쿠]

울다

Tip 哭 개[犬]가 울부짖는[吅] 소리같이 우는 모양에서 '소리 내어 울다', '곡하다'의 뜻이 됨.

상용어휘			
	哭泣	kūqì [쿠치]	흐느껴 울다
	哭诉	kūsù [쿠쑤]	울며 하소연하다
	痛哭	tòngkū [통쿠]	통곡하다
	哭鼻子	kū bízi [쿠비즈]	훌쩍거리며 울다

총획 10획 　필순 丶 丷 ㅁ ㅁㅁ 吅 吅 哭 哭 　한자 哭 울 곡

器

qì [치]

그릇, 기구

Tip 器 개[犬]고기를 담아 여러 사람이 나누어 먹던 그릇[品]을 나타낸 데에서 '그릇', '도량'의 뜻이 됨.

상용어휘
器材	qìcái [치차이]	기자재, 기구
器官	qìguān [치꽌]	(생물의) 기관
机器	jīqì [찌치]	기계, 기기
容器	róngqì [롱치]	용기

총획 16획 | 필순 ⺩ ⺩⺩ 罒 哭 哭 哭 器器 | 한자 器 그릇 기

向

xiàng [씨앙]

방향, ~을 향하여

Tip 向 집[冂]에서 바람이 부는 방향인 북쪽 창[口]은 남쪽 창과 마주보고 있다 하여 '향하다'의 뜻이 됨.

상용어휘
向来	xiànglái [씨앙라이]	본래부터, 줄곧
向上	xiàngshàng [씨앙샹]	향상(하다), 진보(하다)
动向	dòngxiàng [똥씨앙]	동향, 추세
方向	fāngxiàng [팡씨앙]	방향

총획 6획 | 필순 ノ 亻 冂 冋 向 向 | 한자 向 향할 향

xiǎng [씨앙]

소리, 소리가 나다, 울리다

Tip 입[口]에서 소리가 난다는 뜻으로, '向(xiàng)'은 음을 나타냄.

상용어휘			
	响声	xiǎngshēng [씨앙셩]	소리
	反响	fǎnxiǎng [판씨앙]	반향
	音响	yīnxiǎng [인씨앙]	음향
	影响	yǐngxiǎng [잉씨앙]	영향(을 주다)

총획 9획 **필순** ㇒ 丨 口 口 叩 叩 响 响 **한자** 響 울릴 **향**

fēn, fèn [펀]

나누다, 분리하다, 성분

Tip 칼[刀]로 물건을 나눈다[八]는 데서 '나누다', 칼로 쪼개듯 사리를 가린다는 데서 '분별하다'의 뜻이 됨.

상용어휘			
	分别	fēnbié [펀비에]	분별하다, 헤어지다, 차이
	分明	fēnmíng [펀밍]	분명하다, 분명히
	分钟	fēnzhōng [펀쯍]	분
	分量	fènliàng [펀리앙]	분량, 무게

총획 4획 **필순** ㇒ 八 今 分 **한자** 分 나눌 **분**

huì [훼이]

~할 줄 알다, ~할 것이다

Tip '会'자는 '人, 云(说)'으로 구성되어, '회의하다', '회의를 시작하다(열다)', '사람이 말하다', '여러 사람이 말하다'를 뜻함.

상용어휘			
	会见	huìjiàn [훼이찌엔]	회견하다, 접견하다
	会谈	huìtán [훼이탄]	회담(하다)
	会议	huìyì [훼이이]	회의
	社会	shèhuì [셔훼이]	사회

총획 6획　필순 ノ 人 ム ム 쓰 会　한자 會 모일 회

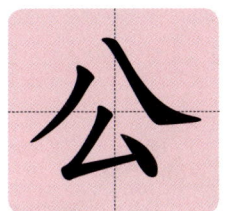

gōng [꽁]

공평하다, 국유의, 국가의, 공통의

Tip 사사로움[厶]과는 등져[八(나누어지는 모양)] 멀리하는 형세를 뜻하는 글자로, '공변되다', '공평하다'의 뜻.

상용어휘			
	公斤	gōngjīn [꽁찐]	킬로그램(kg)
	公里	gōnglǐ [꽁리]	킬로미터(km)
	公司	gōngsī [꽁쓰]	회사
	公共汽车	gōnggòng qìchē [꽁꽁치쳐]	버스

총획 4획　필순 ノ 八 公 公　한자 公 공평할 공

个

gè, ge [꺼, 거]

개, 명(사람, 사물을 세는 양사)

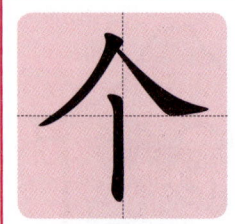

Tip 한 사람, 사람 한 명을 '个'로 나타내며, 양사로 가장 많이 쓰임.

상용어휘
个别	gèbié [꺼비에]	개개의, 개별적인
个人	gèrén [꺼런]	개인
个性	gèxìng [꺼씽]	개성
个子	gèzi [꺼즈]	키

총획 3획 필순 ノ 人 个 한자 個 낱 개

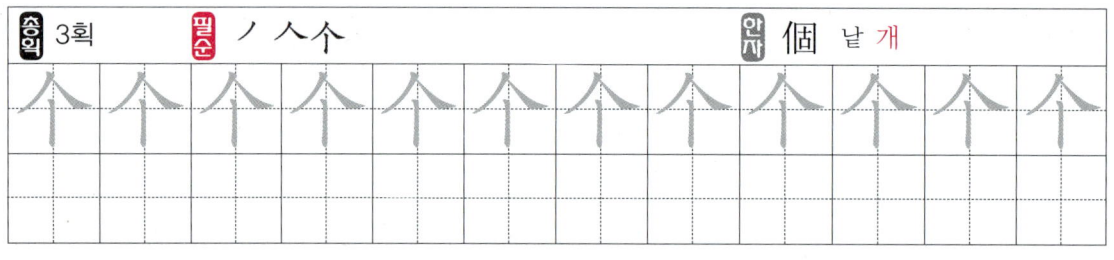

块

kuài [콰이]

덩어리

Tip 왼쪽 '土'는 '흙덩이'라는 뜻을 나타내고, 오른쪽의 '夬(guài)'은 음을 나타냄.

상용어휘
大块头	dàkuàitóu [따콰이토우]	뚱뚱보, 거구
方块字	fāngkuàizì [팡콰이쯔]	한자
五块钱	wǔ kuài qián [우콰이치엔]	5위안(元)
一块儿	yíkuàir [이콸]	함께, 같이, 같은 곳

총획 7획 필순 一 十 土 圹 坊 块 块 한자 塊 흙덩이 괴

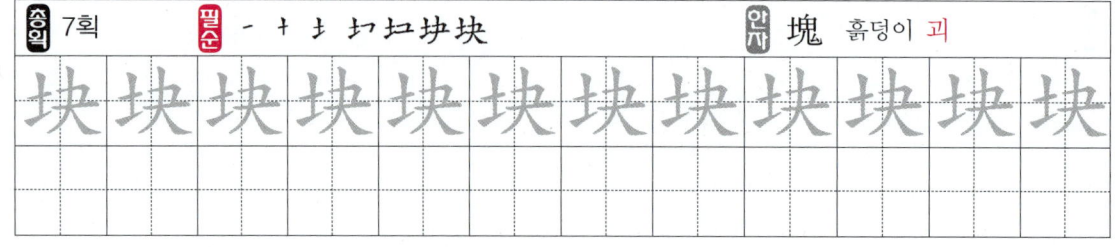

kuài [콰이]

빠르다

 마음[忄]이 활짝 트인[夬] 모양에서 '쾌하다', '시원하다'의 뜻이 됨.

상용어휘

快乐	kuàilè [콰이러]	즐겁다, 유쾌하다
赶快	gǎnkuài [간콰이]	빨리, 어서
凉快	liángkuai [리앙콰이]	시원하다, 선선하다
愉快	yúkuài [위콰이]	유쾌하다, 기분이 좋다

총획 7획　**필순** 丶丶忄忄忄快快　**안자** 快 쾌할 쾌

hěn [헌]

매우(형용사가 가리키는 성질이나 상태의 정도)

Tip 很 오른쪽의 '艮(gèn)'은 음을 나타내며, 오른쪽 아래 모퉁이의 서법에 주의할 것.

상용어휘

很大	hěn dà [헌따]	매우 크다
很好	hěn hǎo [헌하오]	매우 좋다
很快	hěn kuài [헌콰이]	매우 빠르다
很高兴	hěn gāoxìng [헌까오씽]	매우 기쁘다

총획 9획　**필순** 彳彳彳彳彳很很很　**안자** 很 매우 흔

gēn [껀]

따라가다, 발뒷꿈치, ~와(과)

Tip 왼쪽의 '足'은 '발'의 뜻을 나타내고, 오른쪽의 '艮(gèn)'은 음을 나타냄.

상용어휘
跟前	gēnqián [껀치엔]	옆, 곁
跟上	gēnshàng [껀상]	뒤따르다, 따라붙다
跟随	gēnsuí [껀쒜이]	뒤따르다, 따라가다
跟着	gēnzhe [껀져]	따르다, 곧이어

총획 13획　**필순** 𠃜 𠃜⁷ 𠃜⁷ 𠃜⁷ 跟 跟 跟　**안자** 跟 발뒤꿈치 근

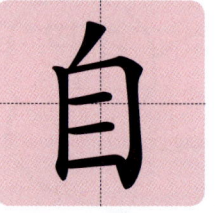

zì [쯔]

자기, 자신, 스스로

Tip 코를 정면에서 본 모양을 본뜬 글자로, 자신을 가리킬 때 손가락으로 코를 가리킨 데서 '스스로'의 뜻이 됨.

상용어휘
自从	zìcóng [쯔총]	~부터
自动	zìdòng [쯔똥]	자발적인, 자동으로
自己	zìjǐ [쯔지]	자기, 자신
自行车	zìxíngchē [쯔씽쳐]	자전거

총획 6획　**필순** ′ 亻 冂 自 自 自　**안자** 自 스스로 자

朋

péng [펑]
친구

Tip 두 친구가 어깨를 나란히 하고 서 있는 모습을 상상해 볼 것.

상용어휘
朋党	péngdǎng [펑당]	붕당, 파당
朋友	péngyou [펑요우]	친구, 벗
男朋友	nánpéngyou [난펑요우]	남자 친구, 남자 애인
小朋友	xiǎopéngyǒu [씨아오펑요우]	어린 아이, 꼬마 친구

총획 8획 | 필순 丿 几 月 月 朋 朋 朋 朋 | 안자 朋 벗 붕

再

zài [짜이]
다시, 또

Tip 나무토막을 쌓을 때, 쌓은[再] 위에 더[一] 쌓는다는 데서 '다시', '거듭', '두 번'의 뜻이 됨.

상용어휘
再次	zàicì [짜이츠]	재차, 거듭
再会	zàihuì [짜이훼이]	재회하다, 또 뵙겠습니다
再见	zàijiàn [짜이찌엔]	또 뵙겠습니다, 안녕
再三	zàisān [짜이싼]	재삼, 여러 번, 거듭

총획 6획 | 필순 一 丆 冂 冉 再 再 | 안자 再 두/다시 재

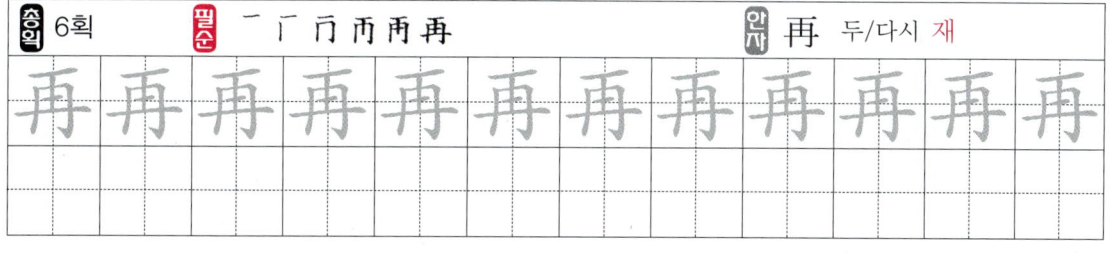

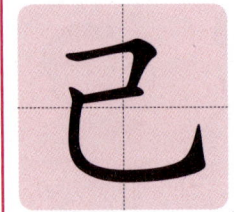 jǐ [지]

자기, 자신

Tip 己 사람의 척추 마디가 구부러지며 이어진 모양을 본떠 '몸', '자기'의 뜻을 나타냄.

상용어휘
己方	jǐfāng [지팡]	자기 편, 우리 편
异己	yìjǐ [이지]	이분자, 반대파
知己	zhījǐ [쯔지]	막역하다, 절친하다
自己	zìjǐ [쯔지]	자기, 자신

총획 3획 | 필순 ㄱㄱ己 | 안자 己 몸 기

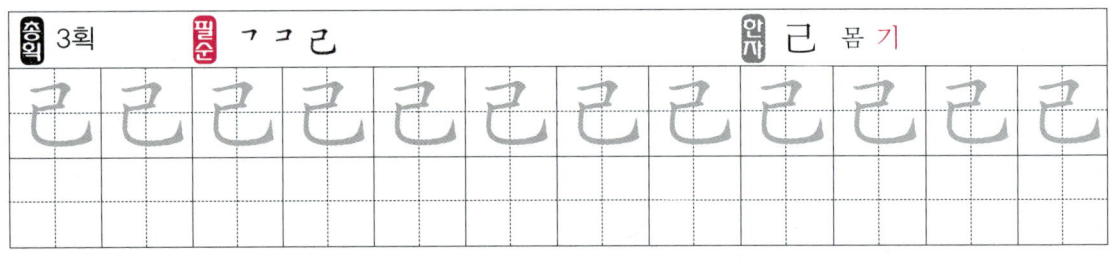

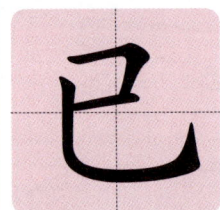 yǐ [이]

이미, 벌써

Tip 본디 글자는 보습(쟁기) 모양을 본뜬 글자로, 밭갈이가 끝났음을 나타내어 '이미', '그치다'의 뜻.

상용어휘
已经	yǐjīng [이찡]	이미, 벌써
已往	yǐwǎng [이왕]	과거, 이전
而已	éryǐ [얼이]	~뿐이다
不得已	bùdéyǐ [뿌더이]	어쩔 수 없이, 부득이 하다

총획 3획 | 필순 ㄱㄱ已 | 안자 已 이미 이

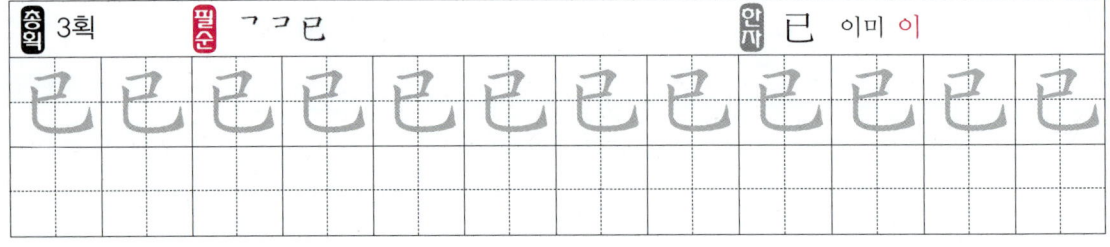

改

gǎi [가이]

고치다, 바로잡다

Tip 스스로 자신[己]의 잘못을 쳐서[攵] 바로잡는다는 데서 '고치다', '바로잡다'의 뜻이 됨.

상용어휘	改革	gǎigé [가이거]	개혁(하다)
	改过	gǎiguò [가이꿔]	잘못을 고치다
	改善	gǎishàn [가이샨]	개선하다
	改正	gǎizhèng [가이쪙]	개정하다, 시정하다

총획 7획 　필순 ㄱ ㄱ ㄹ ㄹ' 孑' 改 改 　　안자 改 고칠 **개**

起

qǐ [치]

일어나다, 시작하다

Tip 달리기[走] 위해 몸[己]을 일으키는 모양에서 '일어나다', '일으키다', '시작하다'의 뜻이 됨.

상용어휘	起床	qǐchuáng [치촹]	일어나다
	起来	qǐlái [치라이]	일어나다, 일어서다
	一起	yìqǐ [이치]	같이, 함께
	对不起	duìbuqǐ [뛔이부치]	미안합니다

총획 10획 　필순 土 キ キ 走 走 起 起 起 　　안자 起 일어날 **기**

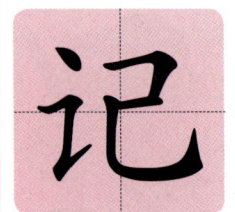

记 jì [찌]

기록하다, 기억하다

Tip 記 말[讠]의 실마리[己]를 문자로 정리한다는 데서 '적다', '기록하다'의 뜻이 됨.

상용어휘		
记性	jìxing [찌씽]	기억(력)
记者	jìzhě [찌져]	기자
日记	rìjì [르찌]	일기
忘记	wàngjì [왕찌]	잊어버리다

총획 5획 　필순 丶 讠 讥 记 记 　안자 記 기록할 기

记记记记记记记记记记记

没 méi, mò [메이, 모]

없다, 가라앉다

Tip 沒 물[氵]에 빠져드는[殳] 모양에서 '빠지다', '없다'의 뜻이 됨.

상용어휘		
没有	méiyǒu [메이요우]	없다, 가지고 있지 않다
没收	mòshōu [모쇼우]	몰수하다, 압류하다
埋没	máimò [마이모]	매몰되다, 묻히다
没关系	méi guānxi [메이꽌씨]	괜찮다, 상관 없다

총획 7획 　필순 丶 丶 氵 氵 氻 没 没 　안자 沒 빠질 몰

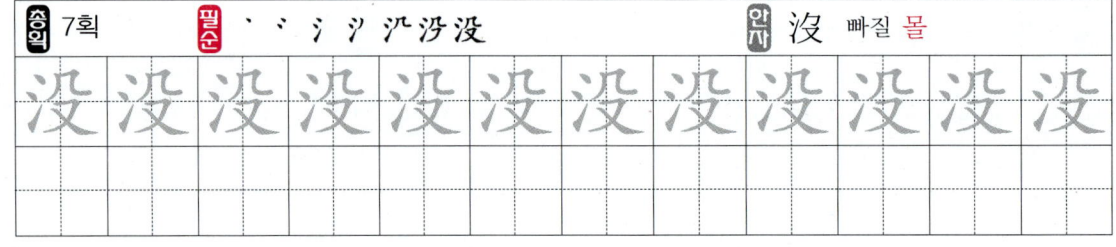

设 shè [셔]

설치하다, 세우다

Tip 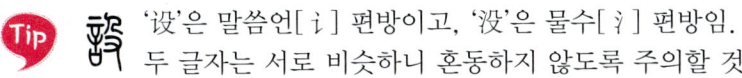 '设'은 말씀언[讠] 편방이고, '没'은 물수[氵] 편방임. 두 글자는 서로 비슷하니 혼동하지 않도록 주의할 것.

상용어휘
设计	shèjì [셔찌]	설계(하다), 계책을 꾸미다
设立	shèlì [셔리]	설립하다, 건립하다
设置	shèzhì [셔쯔]	설치하다
建设	jiànshè [찌엔셔]	건설(하다)

총획 6획　필순 丶讠讠讠讠讠设设设　한자 設 베풀 설

与 yǔ [위]

~와(과), 주다, 베풀다

Tip 뜻이 비슷한 영어의 '&'와 비교해 볼 것.

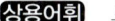

상용어휘
与其	yǔqí [위치]	~하기 보다는
相与	xiāngyǔ [씨앙위]	사귀다, 교제하다, 서로
与人为善	yǔrén-wéishàn [위런웨이샨]	선의로 남을 돕다
与众不同	yǔzhòng-bùtóng [위쭝뿌퉁]	남다르다

총획 3획　필순 一 与 与　한자 與 더불/줄 여

xiě [씨에]

쓰다, 적다

Tip 아래쪽 글자는 '与'이며, '写'자 위쪽에 점이 없음을 주의할 것.

상용어휘
写真	xiězhēn [씨에쩐]	초상화(를 그리다), 묘사
写字	xiězì [씨에쯔]	글씨를 쓰다
描写	miáoxiě [미아오씨에]	묘사(하다)
书写	shūxiě [슈씨에]	쓰다, 적다

총획 5획　**필순** 一 冖 宀 写 写　**한자** 寫 베낄 사

wǔ [우]

정오, 낮 12시

Tip '午'는 원래 杵(공이 저)의 본자로, 절구질을 하다가 절굿 공이를 세워 그림자로 점심때를 알았던 데서 '한낮', '정오'의 뜻이 됨.

상용어휘
午饭	wǔfàn [우판]	점심밥, 중식
上午	shàngwǔ [샹우]	오전
下午	xiàwǔ [씨아우]	오후
中午	zhōngwǔ [쭝우]	정오

총획 4획　**필순** 丿 𠂉 二 午　**한자** 午 낮 오

142

xǔ [쉬]

허락하다, 아마도

 남의 말[讠]을 듣고 하루 중 가장 밝은 낮[午]에 받아 들이는 데서 '허락하다'의 뜻이 됨.

상용어휘
许多	xǔduō [쉬뚜오]	허다한, 매우 많은
许久	xǔjiǔ [쉬지우]	매우 오래다
许可	xǔkě [쉬커]	허가하다, 승낙하다
不许	bùxǔ [뿌쉬]	허락하지 않다, ~해서는 안 된다

총획 6획　　**필순** 丶讠订讦许许　　**안자** 許 허락할 허

qīng [칭]

푸르다, 청년

 초목의 싹이 나올[主←生(날 생)] 때에는 붉으나[月] 자라면 '푸르게' 된다는 뜻.

상용어휘
青春	qīngchūn [칭츈]	청춘
青年	qīngnián [칭니엔]	청년, 젊은이
知青	zhīqīng [쯔칭]	지식 청년
青少年	qīngshàonián [칭샤오니엔]	청소년

총획 8획　　**필순** 一二丰主丰青青青　　**안자** 青 푸를 청

qīng [칭]

맑다, 분명하다, 청소하다

Tip 물[氵]이 푸르다[青]는 데서 '맑다', '깨끗하다'의 뜻을 나타냄.

상용어휘		
清楚	qīngchu [칭츄]	분명하다, 명백하다
清静	qīngjìng [칭찡]	조용하다, 고요하다
清凉	qīngliáng [칭리앙]	시원하다, 서늘하다
冷清	lěngqīng [렁칭]	쓸쓸하다, 적막하다

총획 11획 | 필순 氵氵汁汁泮清清清 | 한자 清 맑을 청

qíng [칭]

감정, 애정

Tip 마음[忄]에서 우러나는 푸르도록[青] 맑고 참된 정을 나타낸 글자로, '감정', '애정'의 뜻.

상용어휘		
情报	qíngbào [칭빠오]	정보
情况	qíngkuàng [칭쾅]	정황, 상황
爱情	àiqíng [아이칭]	애정
感情	gǎnqíng [간칭]	감정

총획 11획 | 필순 丶忄忄忄忄忄情情情 | 한자 情 뜻 정

qǐng [칭]

청하다, 신청하다, 초청하다

 請 젊은 사람[青]이 어른을 찾아뵙고 부탁 말씀[i]을 드리는 모양에서 '청하다', '원하다', '구하다'의 뜻이 됨.

상용어휘		
请假	qǐngjià [칭찌아]	휴가를 신청하다
请求	qǐngqiú [칭치우]	청구(하다), 부탁(하다)
请问	qǐngwèn [칭원]	말씀 좀 여쭙겠습니다
申请	shēnqǐng [션칭]	신청하다

총획 10획 | 필순 丶讠讠讠讠讠讠讠讠讠请请请 | 한자 請 청할 청

jīng [찡]

정교하다, 정통하다

 精 푸른빛[青]이 들도록 깨끗하게 쓿은 쌀[米]의 모양에서 '깨끗하다', '정밀하다'의 뜻이 됨.

상용어휘		
精彩	jīngcǎi [찡차이]	뛰어나다, 훌륭하다
精华	jīnghuá [찡화]	정화, 정수
精神	jīngshén / jīngshen [찡션]	정신, 주지 / 기력, 활기차다
精通	jīngtōng [찡통]	정통하다, 통달하다

총획 14획 | 필순 丶丷丷米米米精精精 | 한자 精 정할 정

kāi [카이]

열다, 운전하다, (꽃이) 피다

Tip 開 '开'는 창살 또는 문의 빗장처럼 생겼다고 상상해 볼 것.
'开'에서 '二'을 제거하면 문이 열림.

상용어휘			
	开车	kāichē [카이쳐]	운전하다
	开会	kāihuì [카이훼이]	개회하다, 회의를 하다
	开始	kāishǐ [카이스]	시작하다, 개시하다
	开夜车	kāiyèchē [카이예쳐]	밤을 새워 일하다(공부하다)

총획 4획 필순 一二亍开   안자 開 열 개

bìng [삥]

병렬하다, 함께, 결코

Tip 두 사람이 함께 선 모양에서 '아우르다', '함께', '나란히 하다'의 뜻이 됨.

상용어휘			
	并列	bìngliè [삥리에]	병렬(하다)
	并且	bìngqiě [삥치에]	게다가
	并入	bìngrù [삥루]	합병하다, 편입하다
	合并	hébìng [허빙]	합병하다, 합치다

총획 6획 필순 丶丷䒑兯并   안자 竝 나란히 병

guān [꽌]

닫다, 끄다

Tip 關 옛 글자는 문을 북에 실을 꿰듯이 쇠로 걸어 닫고 푸는 모양을 본떠 '닫다', '통하다'의 뜻을 나타냄.

상용어휘
关门	guānmén [꽌먼]	문을 닫다
关系	guānxi [꽌씨]	관계
关心	guānxīn [꽌씬]	관심을 갖다
关于	guānyú [꽌위]	~에 관하여

총획 6획   필순 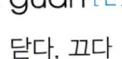   한자 關 관계할 관

sòng [쏭]

선물하다, 보내다, 배웅하다

Tip 떠나는[辶] 사람을 웃으며[关] 보내주는 모양에서 '보내다', '전송하다'의 뜻이 됨.

상용어휘
送别	sòngbié [쏭비에]	송별하다, 배웅하다
送给	sònggěi [쏭게이]	주다
送行	sòngxíng [쏭씽]	배웅하다, 바래다주다
运送	yùnsòng [윈쏭]	운송하다, 수송하다

총획 9획   필순   한자 送 보낼 송

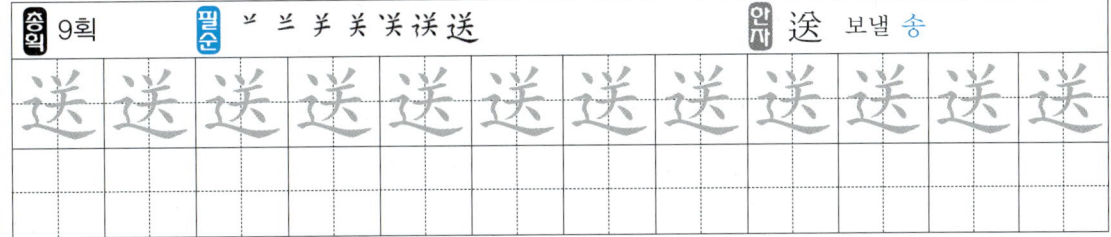

chē [쳐]

차

 車 옛 글자는 '수레'의 모양을 본뜬 글자.
'车'와 '东'을 혼동하지 않도록 주의할 것.

상용어휘		
车票	chēpiào [쳐피아오]	승차권, 차표
车站	chēzhàn [쳐짠]	정거장, 정류장, 역
火车	huǒchē [훠쳐]	기차
汽车	qìchē [치쳐]	자동차

총획 4획   필순 一 ㄅ 乍 车   한자 車 수레 거/차

lián [리엔]

계속하여, 연이어, ~조차도

 連 수레[车]가 쉬지 않고 굴러가는[辶] 모양에서 '잇닿다', '계속해서'의 뜻이 됨.

상용어휘		
连任	liánrèn [리엔런]	연임하다
连日	liánrì [리엔르]	연일
连续	liánxù [리엔쉬]	연속하다
一连	yìlián [이리엔]	계속해서, 연이어

총획 7획   필순 一 ㄅ 乍 车 车 诓 连   한자 連 이을 연

jūn [쮠]

군, 군대

Tip '冖'는 장갑(강철판을 덧씌운)으로 방호한다는 뜻이고, '车'는 군용차를 나타내며, 합치면 '군대'를 뜻함.

상용어휘
军费	jūnfèi [쮠페이]	군비, 군사비
军人	jūnrén [쮠런]	군인
军事	jūnshì [쮠스]	군사
海军	hǎijūn [하이쮠]	해군

총획 6획　필순 ノ 冖 冖 兲 军 军　한자 軍 군사 군

bǐ [비]

비교하다, 견주다

Tip 두 사람이 나란히 서 있는 모양을 본뜬 글자로, '견주다', '비교하다'의 뜻.

상용어휘
比分	bǐfēn [비펀]	점수, 득점
比较	bǐjiào [비찌아오]	비교하다, 비교적
比例	bǐlì [비리]	비례, 비율, 비중
比赛	bǐsài [비싸이]	경기, 시합(하다)

총획 4획　필순 一 ト 卜 比　한자 比 견줄 비

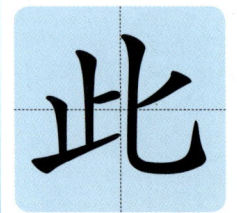

cǐ [츠]

이(것), 이때, 이곳

Tip 사람이 구부리고[匕] 멈추어[止] 있는 모양에서 '이때', '이', '이것'의 뜻이 됨. '比(bǐ)'와 혼동하지 않도록 주의할 것.

상용어휘
此后	cǐhòu [츠호우]	이후, 이 다음
此外	cǐwài [츠와이]	이 외에, 이 밖에
彼此	bǐcǐ [비츠]	서로, 피차
如此	rúcǐ [루츠]	이와 같다

총획 6획　**필순** 丨 丨 丨 止 止 此　**한자** 此 이 차

xiē [씨에]

조금, 약간

Tip 위쪽은 '此(여기)'이고, 아래쪽의 '二'는 '조금', '약간'이라는 뜻을 나타냄.

상용어휘
哪些	nǎxiē [나씨에]	어느, 어떤
那些	nàxiē [나씨에]	그들, 그것들
一些	yìxiē [이씨에]	약간, 조금, 얼마간
这些	zhèxiē [쩌씨에]	이런 것들

총획 8획　**필순** 丨 丨 止 此 此 些 些　**한자** 些 적을 사

kǎo [카오]

시험, 시험보다, 고려하다

Tip 성장이 다하고[丂] 지팡이를 짚은 늙은이[耂]는 일을 깊이 헤아린다는 데서 '생각하다', '시험하다'의 뜻이 됨.

상용어휘
考试	kǎoshì [카오스]	시험(을 치다)
考题	kǎotí [카오티]	시험 문제
参考	cānkǎo [찬카오]	참고하다, 참조하다
思考	sīkǎo [쓰카오]	사고(하다), 사색(하다)

총획 6획 필순 一 十 土 耂 考 考 안자 考 생각할 고

zhě [져]

자, 것

Tip 나이 많은 이[耂]가 아랫사람에게 낮추어 말하는[白] 모양에서 그 대상을 가리켜 '사람', '놈'을 뜻함.

상용어휘
或者	huòzhě [훠져]	아마, 혹은
记者	jìzhě [찌져]	기자
学者	xuézhě [쉐져]	학자
作者	zuòzhě [쭈오져]	저자, 필자

총획 8획 필순 一 十 耂 耂 者 者 者 者 안자 者 놈/사람 자

史

shǐ [스]

역사

Tip 손[ㅋ]에 붓을 들어 사실을 바르게[中] 기록하는 모양에서 '역사', '사관(史官)'의 뜻이 됨.

상용어휘		
史册	shǐcè [스처]	역사서, 역사책
史料	shǐliào [스리아오]	역사 연구 자료
史实	shǐshí [스스]	역사적 사실
历史	lìshǐ [리스]	역사

총획 5획 　 필순 ㇉ 口 史 史 　 안자 史 사기 사

使

shǐ [스]

사용하다, 파견하다, 시키다

Tip 상급자[亻]가 담당 관리[吏]에게 일을 시킨다는 데서 '부리다', '시키다'의 뜻이 됨.

상용어휘		
使命	shǐmìng [스밍]	사명, 명령
使用	shǐyòng [스용]	사용(하다)
大使	dàshǐ [따스]	대사
假使	jiǎshǐ [지아스]	만약, 가령

총획 8획 　 필순 亻 亻 亻 伫 伍 使 使 　 안자 使 하여금/부릴 사

gēng, gèng [껑]
고치다, 더욱, 훨씬

Tip 회초리로 쳐가며 바르게 가르치는 모양에서 '고치다', '더욱', '다시'의 뜻이 됨.

상용어휘			
	更改	gēnggǎi [껑가이]	변경(하다)
	更换	gēnghuàn [껑환]	변경하다, 교체하다
	变更	biàngēng [삐엔껑]	변경(하다), 고치다
	更加	gèngjiā [껑지아]	더욱, 훨씬

총획 7획　필순 一 厂 厂 闩 闩 更 更　안자 更 다시 갱 / 고칠 경

biàn, pián [삐엔, 피엔]
편리하다, 적합하다, 간단한

Tip 사람[亻]이 불편한 데를 고쳐서[更] '편하게 한다'는 뜻.

상용어휘			
	便当	biàndang [삐엔땅]	편리하다, 간편하다
	便利	biànlì [삐엔리]	편리하다
	便于	biànyú [삐엔위]	편리하다
	便宜	piányi [피엔이]	(값이) 싸다

총획 9획　필순 亻 亻 仁 伂 佰 便 便　안자 便 편할 편 / 똥, 오줌 변

交

jiāo [찌아오]

건네주다, 교차하다, 교제하다

Tip 사람이 두 발을 엇걸고 서 있는 모양을 본뜬 글자로, 벗하여 서로 자주 오고가며 '사귀다'의 뜻을 나타냄.

상용어휘
交叉	jiāochā [찌아오챠]	교차하다, 겹치다
交换	jiāohuàn [찌아오환]	교환(하다)
交流	jiāoliú [찌아오리우]	교류하다, 교차하여 흐르다
交通	jiāotōng [찌아오통]	교통

총획 6획　**필순** 丶 一 亠 亣 芆 交　**안자** 交 사귈 교

校

xiào, jiào [씨아오, 찌아오]

학교, 비교하다

Tip 구부러진 나무[木]를 엇걸어[交] 매어 바로잡는다는 데서 '학교', '바로잡다'의 뜻이 됨.

상용어휘
校园	xiàoyuán [씨아오위엔]	캠퍼스, 교정(校庭)
校长	xiàozhǎng [씨아오쟝]	교장, 학교장
学校	xuéxiào [쉐씨아오]	학교
校订	jiàodìng [찌아오띵]	교정하다

총획 10획　**필순** 木 木 朽 柠 柠 柠 校　**안자** 校 학교 교

较

jiào [찌아오]

비교하다, 비교적

 Tip 較 짐을 실어 얽어맨[交] 수레[车]의 기우는 정도에 따라 앞뒤 무게를 비교하는 모양에서 '비교하다'의 뜻이 됨.

상용어휘
较大	jiàodà [찌아오따]	비교적 크다
较量	jiàoliàng [찌아오리앙]	겨루다, 대결하다, 계산하여 따지다
较为	jiàowéi [찌아오웨이]	비교적
比较	bǐjiào [비찌아오]	비교하다, 비교적

총획 10획 **필순** 车 车 车˙ 车´ 车ˇ 车ˇ 较 较 **안자** 較 견줄/비교할 교

合

hé [허]

합치다, 닫다, 부합하다

 Tip 合 그릇의 아가리[口]와 뚜껑[스]이 꼭 들어맞는 모양에서 '합하다'의 뜻이 됨.

상용어휘
合并	hébìng [허삥]	합병하다
合唱	héchàng [허창]	합창(하다)
合适	héshì [허스]	적합하다, 알맞다
合同	hétong [허통]	계약서

총획 6획 **필순** 丿 人 人 合 合 合 **안자** 合 합할 합

ná [나]

(손으로) 쥐다, 잡다

Tip 손[手]과 물건이 함께 합쳐져[合] 있다는 데서 '쥐다', '집다', '가지다'라는 뜻이 됨.

상용어휘
拿来	nálái [나라이]	가져오다
拿去	náqù [나취]	가져가다
拿手	náshǒu [나쇼우]	뛰어나다, 자신있다
捉拿	zhuōná [쮸오나]	체포하다, (범인을) 붙잡다

총획 10획 **필순** ノ 人 ㅅ 合 合 合 盒 拿 **안자** 拿 붙잡을 나

gěi, jǐ [게이, 지]

~에게, 주다

Tip '纟'은 '날실, 명주실'을 나타내며, 실[纟]을 길게 이어 합한[合] 모양에서 '주다'의 뜻이 됨.

상용어휘
交给	jiāogěi [찌아오게이]	~에게 맡기다
送给	sònggěi [쏭게이]	주다
给予	jǐyǔ [지위]	주다
供给	gōngjǐ [꽁지]	공급(하다), 제공하다

총획 9획 **필순** 纟 纟 纟 纟 纟 纟 纟 给 给 **안자** 给 줄 급

dā, dá [다]

대답하다, 보답하다

Tip 대쪽[竹]에 써서 보내 온 글의 내용에 맞게[合] '회답한다'는 뜻.

상용어휘			
	答案	dá'àn [다안]	답, 답안
	报答	bàodá [빠오다]	보답하다
	解答	jiědá [지에다]	해답(하다), 대답(하다)
	问答	wèndá [원다]	문답(하다)

총획 12획 　필순 ⺮ 丿 ⺮⺮ ⺮⺮ ⺮⺮ 炊 笞 答 　한자 答 대답 답

mìng [밍]

생명, 명령

Tip 말[口]로써 명령[令]을 내려 일을 시킨다는 데서 '명령하다', '목숨'의 뜻이 됨.

상용어휘			
	命令	mìnglìng [밍링]	명령(하다)
	革命	gémìng [꺼밍]	혁명(적이다)
	人命	rénmìng [런밍]	인명, 사람의 목숨
	生命	shēngmìng [셩밍]	생명, (예술 작품이) 생동감 있다

총획 8획 　필순 人 亼 亼 合 合 命 命 　한자 命 목숨 명

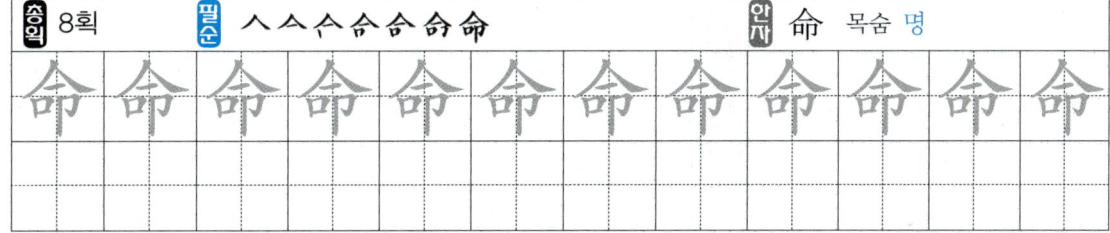

zhèng [쩡]

바르다, 표준적인

Tip 사람이 두 발[止]을 한데[一] 모아 곧바로 서 있다는 데서 '바르다'의 뜻이 됨.

상용어휘		
正常	zhèngcháng [쩡챵]	정상적인
正门	zhèngmén [쩡먼]	정문
正在	zhèngzài [쩡짜이]	지금 ~하고 있다
改正	gǎizhèng [가이쩡]	개정하다, 시정하다

총획 5획　필순 一 丅 下 正 正　한자 正 바를 정

zhèng [쩡]

증명하다, 증거, 증서

Tip '正(zhèng)'은 음을 나타내고, 'ⅰ'은 '증언'이라는 뜻을 나타냄.

상용어휘		
证明	zhèngmíng [쩡밍]	증명(하다), 증명서
证人	zhèngrén [쩡런]	증인
证书	zhèngshū [쩡슈]	증명서, 증서
保证	bǎozhèng [바오쩡]	보증하다

총획 7획　필순 丶 ⅰ 讠 订 讦 证 证 证　한자 證 증거 증

158

政

zhèng [쩡]

정치

Tip 나라를 다스려[攵] 백성을 바르게[正] 이끄는 모양에서 '다스리다', '정치', '정사'의 뜻이 됨.

상용어휘
政府	zhèngfǔ [쩡푸]	정부
政权	zhèngquán [쩡취엔]	정권
政治	zhèngzhì [쩡쯔]	정치
行政	xíngzhèng [씽쩡]	행정

총획 9획 **필순** 丁 下 丆 正 正 政 政 **안자** 政 정사 정

整

zhěng [정]

정리하다, 정돈하다, 온전하다

Tip   흩어진 것을 동여매고[束] 쳐서[攵] 바르게[正] 하는 모양에서 '가지런히 하다', '온전하다'의 뜻이 됨.

상용어휘
整个	zhěnggè [정꺼]	전체, 전부, 모두
整理	zhěnglǐ [정리]	정리하다
整体	zhěngtǐ [정티]	전체
完整	wánzhěng [완정]	완정하다, 완전히 갖추어져 있다

총획 16획 **필순** 日 東 敕 敕 敕 整 整 **안자** 整 가지런할 정

lì [리]

서다, 세우다, 즉시

Tip 땅[一] 위에 바로 선 사람의 모양을 본떠 '서다'의 뜻이 됨.

상용어휘
立场	lìchǎng [리챵]	입장
立体	lìtǐ [리티]	입체
成立	chénglì [쳥리]	설립하다, 설치하다
设立	shèlì [셔리]	설립하다, 세우다

총획 5획　필순 ` ㅗ ㅗ 六 立　　　한자 立 설 립

wèi [웨이]

자리, 위치, 지위, 분(경어, 사람을 세는 양사)

Tip 벼슬아치[亻]들이 늘어선[立] 자리가 그 높고 낮음을 나타낸 데서 '지위', '자리', '벼슬'의 뜻이 됨.

상용어휘
位置	wèizhì [웨이쯔]	위치
各位	gèwèi [꺼웨이]	여러분
即位	jíwèi [지웨이]	즉위하다
座位	zuòwèi [쭈오웨이]	좌석, 자리

총획 7획　필순 　　한자 位 자리 위

音

yīn [인]

소리, 음악

Tip 말소리에 마디가 있어 말씀 언[言] 아래 입 구[口]에 한 획[一]을 더한 모양으로, '소리', '말소리', '음악'을 뜻함.

상용어휘

音响	yīnxiǎng [인씨앙]	음향
音乐	yīnyuè [인위에]	음악
发音	fāyīn [파인]	발음(하다)
声音	shēngyīn [셩인]	목소리, 소리

총획 9획 **필순** 亠 亠 立 产 音 音 音   **안자** 音 소리 음

意

yì [이]

뜻, 의사, 의견

Tip 마음[心]에서 생각하는 바가 말소리[音]에 나타난다는 데서 '뜻', '생각'의 뜻이 됨.

상용어휘

意见	yìjiàn [이찌엔]	의견, 견해
意思	yìsi [이쓰]	뜻, 의견
满意	mǎnyì [만이]	만족하다
同意	tóngyì [통이]	동의하다

총획 13획 **필순** 产 音 音 音 音 意 意 **안자** 意 뜻 의

qì [치]

기체, 공기

Tip 밥을 지을 때 나는 증기의 모양에서 '기체'의 뜻이 됨.

상용어휘		
气候	qìhòu [치호우]	기후
气体	qìtǐ [치티]	기체
气温	qìwēn [치원]	기온
空气	kōngqì [콩치]	공기

총획 4획　필순 ノ 一 十 气　한자 氣 기운 기

qì [치]

기체, 수증기

Tip ''는 '수증기'를 나타내고, '气(qì)'는 음을 나타냄.

상용어휘		
汽车	qìchē [치쳐]	자동차
汽船	qìchuán [치촨]	기선, 모터보트
汽灯	qìdēng [치떵]	가스등
汽油	qìyóu [치요우]	휘발유, 가솔린

총획 7획　필순 丶 丶 氵 氵 汽 汽 汽　한자 汽 김 기

xiāng, xiàng [씨앙]

서로, 용모, 외관

Tip 相 재목을 고르기 위해 살피는 동안 나무[木]와 눈[目]이 서로 마주한다는 데서 '서로'의 뜻이 됨.

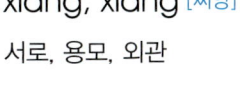

상용어휘	相差	xiāngchà [씨앙챠]	서로 차이가 나다, 서로 다르다
	相反	xiāngfǎn [씨앙판]	상반되다, 서로 반대되다
	相信	xiāngxìn [씨앙씬]	믿다, 신뢰하다
	互相	hùxiāng [후씨앙]	서로, 상호

총획 9획 필순 一十才木机相相相 한자 相 서로/정승 상

xiǎng [씨앙]

생각하다, ~하고 싶다

Tip 想 서로[相] 마주보듯이 마음[心]으로 생각한다는 데서 '생각', '생각하다'의 뜻이 됨.

상용어휘	想念	xiǎngniàn [씨앙니엔]	그리워하다, 생각하다
	想起	xiǎngqǐ [씨앙치]	상기하다, 생각해내다
	理想	lǐxiǎng [리씨앙]	이상(적인)
	思想	sīxiǎng [쓰씨앙]	사상, 견해

총획 13획 필순 木机相相相想想 한자 想 생각 상

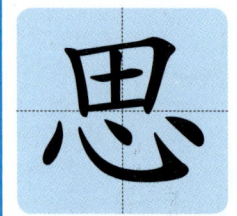

sī [쓰]

생각하다, 그리워하다

Tip 옛날에는 사람이 머리[田]나 가슴[心]으로 생각한다고 여긴 데서 '생각하다', '그리워하다'의 뜻이 됨.

상용어휘			
	思考	sīkǎo [쓰카오]	사고하다, 깊이 생각하다
	思念	sīniàn [쓰니엔]	그리워하다
	思索	sīsuǒ [쓰수오]	사색하다, 깊이 생각하다
	意思	yìsi [이쓰]	뜻, 의견

총획 9획　필순 ㅣ 冂 日 田 田 思 思　안자 思 생각 **사**

nián [니엔]

읽다, 그리워하다

Tip 念 오늘[今]에 이르기까지 마음[心]에 두어 잊지 않고 생각하는 모양에서 '생각하다', '그리워하다'의 뜻이 됨.

상용어휘			
	念头	niàntou [니엔토우]	생각
	观念	guānniàn [꽌니엔]	관념, 생각
	思念	sīniàn [쓰니엔]	그리워하다
	想念	xiǎngniàn [씨앙니엔]	그리워하다, 생각하다

총획 8획　필순 ㅅ ㅅ 今 今 念 念 念　안자 念 생각 **념**

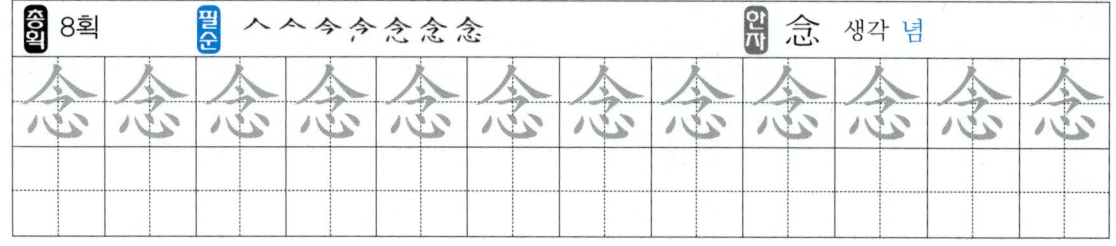

志

zhì [쯔]

뜻, 의지

Tip 마음[心]이 움직여 가는[士] 모양을 나타낸 글자로, '뜻', '의지', '기록하다'의 뜻.

상용어휘
志向	zhìxiàng [쯔씨앙]	지향, 포부
立志	lìzhì [리쯔]	뜻을 세우다, 포부를 가지다
意志	yìzhì [이쯔]	의지
杂志	zázhì [자쯔]	잡지

총획 7획　**필순** 一 十 土 뜻 志 志 志　**한자** 志 뜻 지

感

gǎn [간]

감동하다, 감사하다

Tip 많은 사람들이 다 같이[咸] 마음[心]으로 느낀다는 데서 '느끼다', '감동하다'의 뜻이 됨.

상용어휘
感到	gǎndào [간따오]	느끼다, 여기다
感动	gǎndòng [간똥]	감동하다, 감동시키다
感冒	gǎnmào [간마오]	감기(에 걸리다)
感谢	gǎnxiè [간씨에]	감사(하다)

총획 13획　**필순** 厂 厉 咸 咸 咸 感 感　**한자** 感 느낄 감

165

wàng [왕]

잊다

 忘 마음[心]에서 사라져 버린[亡] 모양에서 '잊다', '없애다', '기억 못하다'의 뜻이 됨.

상용어휘
忘掉	wàngdiào [왕띠아오]	잊어버리다
忘记	wàngjì [왕찌]	잊어버리다
忘情	wàngqíng [왕칭]	정을 잊다, 감정이 북받치다
难忘	nánwàng [난왕]	잊기 어렵다

총획 7획 필순 ᆞ 亠 亡 亡 亡 忘 忘 忘 안자 忘 잊을 망

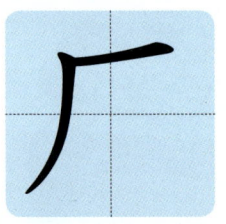

chǎng [챵]

공장

 廠 '厂'은 가장 초라한(누추한) 지붕의 '공장' 건물을 생각해 볼 것.

상용어휘
厂房	chǎngfáng [챵팡]	공장 건물, 작업장
厂长	chǎngzhǎng [챵쟝]	공장장
出厂	chūchǎng [츄챵]	산품이 출하되다
工厂	gōngchǎng [꽁챵]	공장

총획 2획 필순 一 厂 안자 廠 공장 창

166

guǎng [광]

넓다

 廣 누런빛으로 널따란 땅처럼 널찍한 집의 모양에서 '넓다', '크다'의 뜻이 됨.

상용어휘
广播	guǎngbō [광뽀]	방송하다
广大	guǎngdà [광따]	광대하다, 크고 넓다
广阔	guǎngkuò [광쿠오]	넓다, 광활하다
宽广	kuānguǎng [쾅광]	넓다, 드넓다

총획 3획 필순 丶 亠 广 안자 廣 넓을 광

chuáng [촹]

침대

 牀 나무[木]로 만들어 방[广] 안에 놓는 모양에서 '침대'의 뜻이 됨.

상용어휘
床架	chuángjià [촹찌아]	침대의 틀
床位	chuángwèi [촹웨이]	(호텔·병원·기차·기선 등의) 침상
病床	bìngchuáng [삥촹]	병상
起床	qǐchuáng [치촹]	일어나다

총획 7획 필순 丶 亠 广 广 庁 床 床 안자 牀 평상 상

fǔ [푸]

관청, 관공서

Tip 백성들로부터 거둔 세금과 교부한[付] 문서를 보관해 두는 곳[广]이라는 데서 '곳집', '관청'의 뜻이 됨.

상용어휘
城府	chéngfǔ [청푸]	도시와 관청
贵府	guìfǔ [꿰이푸]	귀댁, 귀가
首府	shǒufǔ [쇼우푸]	성도(省都)가 소재한 부(府)
政府	zhèngfǔ [쩡푸]	정부

총획 8획　**필순** 亠广广广庐府府　**한자** 府 마을 부

yīng, yìng [잉]

승낙하다, 대답하다, 마땅히 ~해야 한다

Tip '广'자 아래 ''의 서법에 주의할 것.

상용어휘
应当	yīngdāng [잉땅]	반드시 ~해야 한다
应该	yīnggāi [잉까이]	~해야 한다, ~하는 것이 마땅하다
应急	yìngjí [잉지]	응급조치하다, 임시 대처하다
供应	gōngyìng [꽁잉]	제공하다, 공급하다

총획 7획　**필순** 丶亠广广应应应　**한자** 應 응할 응

168

yuán [위엔]

본래의, 원래의, 처음의

Tip 原 바위[厂] 밑에서 솟아나는 샘[泉]이 물줄기의 근원이라는 데서 '근본', '본래의'의 뜻이 됨.

상용어휘
原本	yuánběn [위엔번]	원본
原来	yuánlái [위엔라이]	알고 보니, 원래
原谅	yuánliàng [위엔리앙]	용서하다, 양해하다
原因	yuányīn [위엔인]	원인

총획 10획 ｜ 필순 厂厂厈原原原原 ｜ 한자 原 언덕 원

qí [치]

그, 그것

Tip 其 벼를 까부는 키[甘]와 그것을 놓는 대[丌]의 모양을 본뜬 글자로, '그', '그것'의 뜻.

상용어휘
其次	qícì [치츠]	다음, 그 다음
其实	qíshí [치스]	사실은, 실은
其他	qítā [치타]	기타, 그 외
其中	qízhōng [치쭝]	그중

총획 8획 ｜ 필순 一十卄廿甘其其 ｜ 한자 其 그 기

169

期

qī [치]

기한, 시기, 기대하다

Tip 달[月]이 해의 정면에 자리하여 보름달이 되는 그[其] 때를 가리키는 데서 '때', '기약하다'의 뜻이 됨.

상용어휘
期望	qīwàng [치왕]	기대(하다)
期限	qīxiàn [치씨엔]	기한, 시한
初期	chūqī [추치]	초기
时期	shíqī [스치]	시기, 특정한 때

총획 12획 필순 丆 亓 亓 其 其 期 期 期 안자 期 기약할 기

化

huà [화]

변화하다

Tip 사람[亻]이 뒤집어지듯[匕(거꾸로 선 사람의 모양)] 변화된다 하여 '되다', '변화하다', '교화하다'의 뜻이 됨.

상용어휘
化学	huàxué [화쉐]	화학
化装	huàzhuāng [화쫭]	분장하다, 변장하다
绿化	lǜhuà [뤼화]	녹화하다
现代化	xiàndàihuà [씨엔따이화]	현대화

총획 4획 필순 丿 亻 伩 化 안자 化 될 화

华

huá [화]

번화하다, 호화롭다

Tip '化(huà)'는 음을 나타내고, '十'은 중국에는 십억 이상의 인구가 있다는 의미.

상용어휘
华北	Huáběi [화베이]	화베어, 화북(중국 북부 지역)
华丽	huálì [화리]	화려하다
华侨	Huáqiáo [화치아오]	화교
中华	Zhōnghuá [쭝화]	중화, 중국의 옛 이름

총획 6획　**필순** ノ 亻 亿 化 华 华　**안자** 華 빛날 화

包

bāo [빠오]

싸다, 꾸러미

Tip 어머니의 뱃속에서 태아[巳(태아의 모양)]가 태에 싸여[勹] 있는 모양에서 '싸다', '꾸리다'의 뜻이 됨.

상용어휘
包括	bāokuò [빠오쿠오]	포괄하다, 포함하다
包围	bāowéi [빠오웨이]	포위하다, 둘러싸다
包装	bāozhuāng [빠오쫭]	포장하다
包子	bāozi [빠오즈]	(소가 든) 찐빵

총획 5획　**필순** ノ 勹 勺 匀 包　**안자** 包 쌀 포

171

bào [빠오]

안다, 포옹하다

Tip 두 팔[扌]로 감싸는[包] 모양에서 '안다', '품다', '끼다' 의 뜻이 됨.

상용어휘		
抱负	bàofù [빠오푸]	포부, 큰 뜻
抱歉	bàoqiàn [빠오치엔]	미안해하다, 죄송합니다
抱养	bàoyǎng [빠오양]	양자로 삼아 기르다
抱怨	bàoyuàn [빠오위엔]	원망하다

총획 8획　　**필순** 一 扌 扌 扩 抠 拘 抱　　**한자** 抱 안을 포

抱 抱 抱 抱 抱 抱 抱 抱 抱 抱 抱 抱

pǎo [파오]

달리다, 뛰다

Tip '足'은 '발'로 부수를 나타내고, '包(bāo)'는 음을 나타냄.

상용어휘		
跑步	pǎobù [파오뿌]	달리기
跑道	pǎodào [파오따오]	(경주용) 트랙, 활주로
跑腿	pǎotuǐ [파오퉤이]	뛰어다니다
起跑	qǐpǎo [치파오]	스타트하다, 출발하다

총획 12획　　**필순** 口 口 甲 足 趵 趵 跑　　**한자** 跑 달릴 포

跑 跑 跑 跑 跑 跑 跑 跑 跑 跑 跑 跑

yī [이]

옷, 의복

 衣 사람[亠]이 저고리를 입고 옷깃[从(옷섶 모양)]을 여민 모양을 본떠 '옷'을 나타냄.

상용어휘
衣服	yīfu [이푸]	옷
衣物	yīwù [이우]	옷과 기타 일상 용품
内衣	nèiyī [네이이]	속옷, 내의
上衣	shàngyī [상이]	상의, 겉옷

총획 6획　**필순** 丶 亠 ナ 产 衣 衣　**안자** 衣 옷 의

nóng [농]

농사(짓다), 농민, 농업

 農 먼저 '冖'를 쓰고, 그 다음 '从'을 써야 하므로 필순에 주의할 것.

상용어휘
农场	nóngchǎng [농창]	농장
农村	nóngcūn [농춘]	농촌
农民	nóngmín [농민]	농민
农业	nóngyè [농예]	농업

총획 6획　**필순** 丶 冖 少 宀 农 农　**안자** 農 농사 농

bèi [뻬이]

이불, 덮다, ~에게 당하다

Tip 걸쳐 입어 살갗[皮]에 닿는 옷[衤]을 나타내는 데서 '이불', '덮다'의 뜻이 됨.

상용어휘			
被动	bèidòng	[뻬이똥]	피동적인, 수동적인
被告	bèigào	[뻬이까오]	피고(인)
被害	bèihài	[뻬이하이]	살해되다, 피해를 입다
被子	bèizi	[뻬이즈]	이불

총획 10획 | 필순 丶 亠 衤 衤 衤 衫 衫 衲 被 被 | 한자 被 입을 피

zhuāng [쨩]

담다, 포장하다

Tip   옷[衣]을 화려하게[壯] 꾸미는 모양에서 '꾸미다', '포장하다'의 뜻이 됨.

상용어휘			
装备	zhuāngbèi	[쨩뻬이]	장비, 장치하다, 설치하다
装束	zhuāngshù	[쨩슈]	행장을 꾸리다, 꾸미다, 옷차림
包装	bāozhuāng	[빠오쨩]	포장(하다)
服装	fúzhuāng	[푸쨩]	복장

총획 12획 | 필순 丶 丬 壯 壯 壯 裝 裝 | 한자 裝 꾸밀 장

biǎo [비아오]

표, 겉, 시계, 나타내다

Tip 모피 옷[衣]은 짐승 털[キ]이 바깥으로 뻗쳐 겉쪽으로 입는 데서 '겉'을 뜻함.

상용어휘
表示	biǎoshì [비아오스]	가리키다, 표시하다
表现	biǎoxiàn [비아오씨엔]	표현하다, 나타내다
表演	biǎoyǎn [비아오옌]	연기하다, 공연하다
手表	shǒubiǎo [쇼우비아오]	손목시계

총획 8획 필순 一 = キ 主 主 夫 表 表 안자 表 겉 표

gù [꾸]

옛 것, 원인, 사고

Tip   오래된 옛[古]일을 들추어내어[攵] 그 까닭을 찾는 데서 '연고', '까닭'의 뜻이 됨.

상용어휘
故宫	Gùgōng [꾸꿍]	고궁
故事	gùshi [꾸스]	이야기
故乡	gùxiāng [꾸씨앙]	고향
事故	shìgù [스꾸]	사고

총획 9획 필순 一 十 古 古 古´ 故 故 안자 故 연고 고

zuò [쭈오]

하다, 만들다

Tip '故'는 '과거', '원인' 등을 나타내고, 사람[亻]과 원인[故]이 결합하여, '사람이 왜 이렇게 했을까'를 나타냄.

상용어휘
做到	zuòdào [쭈오따오]	해내다, 달성하다
做工	zuògōng [쭈오꽁]	일하다
做人	zuòrén [쭈오런]	처세하다, 행동하다, 사람이 되다
做事	zuòshì [쭈오스]	일하다, 사무를 보다

총획 11획   **필순** 亻 亻 仁 仕 佐 做 做   **한자** 做   지을 **주**

lìng [링]

명령하다, ~하게 하다

Tip 사람들을 모아 무릎을 꿇리고 영을 내린다는 데서 '하여금', '시키다', '법령'의 뜻이 됨.

상용어휘
法令	fǎlìng [파링]	법령
号令	hàolìng [하오링]	명령(하다), 호령(하다)
军令	jūnlìng [쮠링]	군령, 군사 명령
命令	mìnglìng [밍링]	명령(하다)

총획 5획   **필순** 丿 人 亽 令 令   **한자** 令   하여금 **령**

领

lǐng [링]

인도하다, 인솔하다

Tip 명령[令]을 내리는 우두머리[页]를 나타내는 글자로, '인도하다', '인솔하다'의 뜻.

상용어휘
领导	lǐngdǎo [링다오]	지도(하다), 지도자
领空	lǐngkōng [링콩]	영공
领取	lǐngqǔ [링취]	수령하다, 받다
领土	lǐngtǔ [링투]	영토

총획 11획　**필순** 丿亠令钅领领领　**한자** 領 거느릴 령

由

yóu [요우]

유래, 원인

Tip 열매가 꼭지로 하여 매달린 모양을 본뜬 글자로, '까닭', '말미암다'의 뜻을 나타냄.

상용어휘
由于	yóuyú [요우위]	~때문에, ~로 인하여
来由	láiyóu [라이요우]	원인, 근거, 이유
理由	lǐyóu [리요우]	이유, 까닭
自由	zìyóu [쯔요우]	자유(롭다)

총획 5획　**필순** 丨冂曰由由　**한자** 由 말미암을 유

lǐ [리]

안쪽, 리(양사, 길이 500미터)

 裏 '土'에 '日'을 수직으로 꽂는 모습을 생각해 볼 것.

상용어휘			
	里程	lǐchéng [리쳥]	이정, 노정, 발전 과정
	里面	lǐmiàn [리미엔]	안, 속
	公里	gōnglǐ [꽁리]	킬로미터(km)
	那里	nàlǐ [나리]	그곳, 저곳

총획 7획 | 필순 ノ 冂 冂 日 甲 甲 里 | 안자 里 마을 리

里 里 里 里 里 里 里 里 里 里 里

理

lǐ [리]

정리하다, 상대하다, 다스리다

Tip 理 구슬[王]을 깎고 닦아 아름다운 결[里(밭〈田〉에 이랑〈土〉이 있듯이 옥에 있는 결)]이 나타나도록 한다는 데서 '다스리다'의 뜻이 됨.

상용어휘			
	理解	lǐjiě [리지에]	이해하다
	理论	lǐlùn [리룬]	이론, 논쟁하다
	理由	lǐyóu [리요우]	이유, 까닭
	道理	dàolǐ [따오리]	도리, 이치, 규칙

총획 11획 | 필순 二 干 王 玑 玾 理 理 | 안자 理 다스릴 리

理 理 理 理 理 理 理 理 理 理 理

liáng, liàng [리앙]

수량, 분량, (무게 등을) 재다

Tip 量 곡식 등 물건의 무게[重]를 되[日(되의 모양)]와 같은 기구로 잰다는 데서 '헤아리다'의 뜻이 됨.

상용어휘
量变	liàngbiàn [리앙삐엔]	양적 변화
量词	liàngcí [리앙츠]	양사
产量	chǎnliàng [챤리앙]	생산량
重量	zhòngliàng [쭝리앙]	중량

총획 12획 **필순** 日 旦 昌 畕 昌 昌 量 量 **한자** 量 수량/헤아릴 량

qiú [치우]

요구하다, 부탁하다, 추구하다

Tip 求 짐승 가죽으로 만든 덧옷의 모양을 본뜬 글자로, 모피 옷은 많은 사람이 입고자 한다는 데서 '구하다', '찾다'의 뜻이 됨.

상용어휘
求爱	qiú'ài [치우아이]	구애하다
求人	qiúrén [치우런]	남에게 부탁하다
需求	xūqiú [쉬치우]	요구, 필요
要求	yāoqiú [야오치우]	요구(하다)

총획 7획 **필순** 一 十 寸 扌 求 求 求 **한자** 求 구할 구

球

qiú [치우]

공, 구

Tip 옥[王]을 구하여[求] 갈고 닦으니 아름답고 공처럼 둥글다 하여 '공'의 뜻이 됨.

상용어휘
棒球	bàngqiú [빵치우]	야구
篮球	lánqiú [란치우]	농구
排球	páiqiú [파이치우]	배구
足球	zúqiú [주치우]	축구

총획 11획　**필순** 玒 玒 玒 球 球 球　**한자** 球 공 구

完

wán [완]

완성하다, 마치다

Tip 담을 우뚝하게[元] 쌓아올리고 지붕[宀]을 해 씌운다는 데서 '완전하다', '지키다'의 뜻이 됨.

상용어휘
完备	wánbèi [완뻬이]	완비되어 있다, 모두 갖추다
完成	wánchéng [완쳥]	완성하다
完工	wángōng [완꽁]	완공하다
完全	wánquán [완취엔]	완전하다, 완전히

총획 7획　**필순** 丶 宀 宀 宀 宀 完　**한자** 完 완전할 완

yuàn [위엔]

뜰, 마당, 집

Tip 언덕[阝=阜] 같은 담장을 튼튼하게[完] 둘러친 큰 집의 모양에서 '집', '학교'의 뜻을 나타냄.

상용어휘
院长	yuànzhǎng [위엔쟝]	원장
法院	fǎyuàn [파위엔]	법원
学院	xuéyuàn [쉐위엔]	단과대학
医院	yīyuàn [이위엔]	병원

총획 9획　**필순** ⺁ 阝 阝' 阝宀 阝宀 阝宀 院　**안자** 院 집/관청 원

yuán [위엔]

어떤 직업에 종사하는 사람, 단체나 조직의 구성원

Tip 둥근[口] 돈[贝]을 헤아리는 사람의 모양에서 '관원', '인원'의 뜻이 됨.

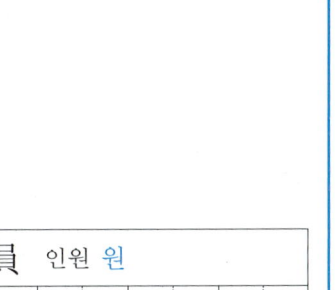

상용어휘
员工	yuángōng [위엔꽁]	직원
人员	rényuán [런위엔]	인원, 요원
职员	zhíyuán [즈위엔]	직원, 사무원
服务员	fúwùyuán [푸우위엔]	종업원

총획 7획　**필순** 丶 口 口 口' 尸 员 员　**안자** 员 인원 원

圆

yuán [위엔]

둥글다

Tip 둘레[口]가 둥근[员] 모양에서 '둥글다'의 뜻이 됨.

상용어휘
圆滑	yuánhuá [위엔화]	원활하다, 매끄럽다
圆形	yuánxíng [위엔씽]	원형
团圆	tuányuán [투안위엔]	흩어졌다가 다시 모이다
圆珠笔	yuánzhūbǐ [위엔쮸비]	볼펜

총획 10획 **필순** 丨 冂 冂 冂 同 同 圆 圆 **안자** 圓 둥글 원

贵

guì [꿰이]

비싸다

Tip 대나무로 엮은 고리짝[虫]에 재물[贝]을 담아 소중하게 간수한 데서 '귀하다', '귀히 여기다', '높다'의 뜻이 됨.

상용어휘
贵贱	guìjiàn [꿰이찌엔]	귀천, 귀하고 천한 것
贵姓	guìxìng [꿰이씽]	(상대방의) 성, 성씨
贵族	guìzú [꿰이주]	귀족
宝贵	bǎoguì [바오꿰이]	진귀한, 귀중한, 보배로운

총획 9획 **필순** 丶 口 中 虫 虫 串 贵 贵 **안자** 貴 귀할 귀

zhí [즈]

곧다, 수직의

Tip 直 열[十] 사람의 눈[目]으로 보면 숨김 없이 볼 수 있어 곧은지[一] 알 수 있다는 데서 '곧다'라는 뜻이 됨.

상용어휘
直到	zhídào [즈따오]	줄곧 ~까지, 곧바로 도착하다
直接	zhíjiē [즈찌에]	직접(적인)
垂直	chuízhí [츄웨이즈]	수직
一直	yìzhí [이즈]	곧바로, 계속

총획 8획 · 필순 一 十 广 亣 古 肯 肯 直 · 한자 直 곧을 직

zhēn [쪈]

사실, 진짜

Tip 眞 '直' 아래 '八'자를 더한 모양.

상용어휘
真假	zhēnjiǎ [쪈지아]	진위, 진짜와 가짜
真理	zhēnlǐ [쪈리]	진리
真实	zhēnshí [쪈스]	진실하다
真心	zhēnxīn [쪈씬]	진심

총획 10획 · 필순 一 十 广 亣 古 直 真 · 한자 眞 참 진

qīn [친]

(사이가) 좋다, 친하다

Tip 親 나무[木] 위에 서다[立]는 뜻으로 관계가 밀접하고 사이가 좋은 사람(가족, 친척 등)이 오기를 간절히 바란다는 의미.

 상용어휘

亲爱	qīn'ài [친아이]	친애하다, 사랑하다
亲戚	qīnqi [친치]	친척
亲自	qīnzì [친쯔]	친히, 직접
父亲	fùqīn [푸친]	부친, 아버지

총획 9획 필순 `、亠立立产辛亲` 안자 親 친할 친

xīn [씬]

새롭다

Tip 新 도끼[斤] 옆에 나무[木]가 있는데[立] 방금 벤 나무는 '새로운', '신선한' 것이라는 뜻.

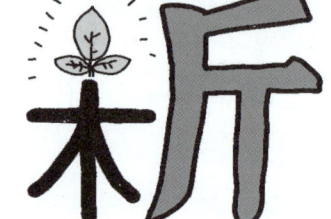

 상용어휘

新婚	xīnhūn [씬훈]	신혼, 막 결혼하다
新年	xīnnián [씬니엔]	신년, 새해
新闻	xīnwén [씬원]	뉴스
革新	géxīn [꺼씬]	혁신(하다)

총획 13획 필순 `立产辛亲亲'新新新` 안자 新 새 신

jiǎo, jué [지아오, 줴]

뿔, 각

Tip 짐승의 머리에 난 두 개의 뾰족한 뿔 모양을 본뜬 글자로, '뿔'을 뜻함.

상용어휘			
	角落	jiǎoluò [지아오루오]	구석, 모퉁이
	死角	sǐjiǎo [쓰지아오]	사각, 궁지
	角色	juésè [줴써]	역할, 배역, 인물
	主角	zhǔjué [쥬줴]	주연, 주인공

총획 7획　필순 ノ ク 广 币 角 角 角　안자 角 뿔 각

jiě [지에]

풀다, 해소하다, 흩어지다

Tip 칼[刀]로 소[牛]의 두 뿔[角] 사이를 쳐 쓰러뜨리고 해부하는 모양에서 '풀다', '해부하다'의 뜻이 됨.

상용어휘			
	解答	jiědá [지에다]	해답(하다), 대답(하다)
	解决	jiějué [지에줴]	해결하다
	解释	jiěshì [지에스]	해석하다, 설명하다
	理解	lǐjiě [리지에]	이해하다

총획 13획　필순 ク 角 角 甪 甪 解 解　안자 解 풀 해

jí [지]

등급, 학년, 계단

Tip 絟 실[纟]이 실타래에서 풀리듯 뒤따라[及] 이어지는 모양에서 '차례', 차례에 따른 '등급'의 뜻이 됨.

상용어휘		
班级	bānjí [빤지]	반, 학급
初级	chūjí [츄지]	초급(의), 초등(의)
高级	gāojí [까오지]	고급(의), 상급(의)
上级	shàngjí [샹지]	상급, 상급자

총획 6획　필순 　한자 級 등급 급

级 级 级 级 级 级 级 级 级 级

jí [지]

정점, 절정, 극(남극, 북극)

Tip 極 크고 긴 대마루판[木]을 올리는 일은 정성스럽게 빨리[及] 해야 하는 데서 '다하다', '최고점'의 뜻이 됨.

상용어휘		
极点	jídiǎn [지디엔]	극점, 한도
极端	jíduān [지똰]	극단(적인), 아주
极限	jíxiàn [지씨엔]	극한, 최대한
北极	běijí [베이지]	북극

총획 7획　필순 　한자 極 극진할 극

极 极 极 极 极 极 极 极 极 极 极

形

xíng [씽]

형체, 형상

Tip 形 털[彡]붓으로 우물틀[开] 모양으로 가로세로 그린 '꼴', '형상'을 뜻함.

상용어휘
形成	xíngchéng [씽청]	형성되다, 이루어지다
形式	xíngshì [씽스]	형식, 형태
形狀	xíngzhuàng [씽쫭]	형상, 겉 모양
地形	dìxíng [띠씽]	지형

총획: 7획 필순: 一 二 F 开 开 形 形 안자: 形 모양 형

须

xū [쉬]

반드시 ~해야 한다

Tip 須 얼굴[页] 아래로 털[彡]이 난 모양에서 '수염', '반드시 ~해야 한다'의 뜻이 됨.

상용어휘
须眉	xūméi [쉬메이]	수염과 눈썹, 남자, 대장부
须知	xūzhī [쉬쯔]	반드시 알아야 한다, 주의 사항
必须	bìxū [삐쉬]	반드시 ~해야 한다
无须	wúxū [우쉬]	~할 필요가 없다

총획: 9획 필순: 彡 彡 彡 纟 纟 纟 须 须 须 안자: 鬚 수염 수 / 須 모름지기 수

 yǐng [잉]

그림자

 景 햇살[景]에 아롱진[彡] 그림자의 모양에서 '그림자'의 뜻이 됨.

상용어휘	影响	yǐngxiǎng [잉씨앙]	영향(을 주다)
	影子	yǐngzi [잉즈]	그림자
	电影	diànyǐng [띠엔잉]	영화
	电影院	diànyǐngyuàn [띠엔잉위엔]	영화관

총획 15획　필순 冂 旦 昰 昰 景 景 影 影　안자 影 그림자 영

 tí [티]

(아래에서 위로) 끌어올리다, 들다

  손[扌]으로 물건을 바로잡아[是] 들어올리는 모양에서 '들다', '당기다', '끌다'의 뜻이 됨.

상용어휘	提出	tíchū [티츄]	제출하다, 제의하다
	提高	tígāo [티까오]	제고하다, 향상시키다
	提起	tíqǐ [티치]	언급하다, 제기하다, 들어올리다
	前提	qiántí [치엔티]	전제 (조건)

총획 12획　필순 亅 扌 扌 押 押 押 揑 提 提　안자 提 끌 제

tí [티]

제목, 문제

 옛날에 노예임을 나타내기 위해 이마[页]에 새긴 표적
[是]에서 책을 구분하기 위한 '제목'의 뜻이 됨.

상용어휘

题名	tímíng [티밍]	이름을 쓰다, 서명하다
题目	tímù [티무]	제목
问题	wèntí [원티]	문제
主题	zhǔtí [쥬티]	주제

총획 15획 　필순 日 早 早 是 是 题 题 　안자 题 제목 제

shè [셔]

단체, 조직

 사람들이 모여 토지[土]의 신에게 제[礻]를 지낸다는
데서 '단체', '조직'의 뜻이 됨.

상용어휘

社会	shèhuì [셔훼이]	사회
社交	shèjiāo [셔찌아오]	사교
社员	shèyuán [셔위엔]	사원
出版社	chūbǎnshè [츄반셔]	출판사

총획 7획 　필순 `丶 亠 丬 礻 礻 社 社 　안자 社 모일 사

shén [션]

신, 귀신, 정신

 神 만물을 펴내고[申] 복과 화를 내리는[礻] 자라고 하여 '귀신', '신'을 뜻하게 됨.

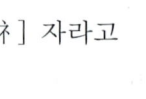

상용어휘	神经	shénjīng [션찡]	신경
	神气	shénqì [션치]	표정, 안색
	神仙	shénxiān [션씨엔]	신선, 선인
	精神	jīngshén / jīngshen [찡션]	정신, 주지 / 기력, 활기차다

총획 9획 필순 ｀ 亻 亣 亣 亣 礻 秞 神神 안자 神 귀신 신

神 神 神 神 神 神 神 神 神 神 神 神

fú [푸]

복, 행복

 福 술을 가득 부어놓고[畐] 제사[礻]를 지내 하늘로부터 복을 받는다 하여 '복'의 뜻이 됨.

상용어휘	福利	fúlì [푸리]	복지, 복리를 증진시키다
	福气	fúqi [푸치]	복, 행운
	幸福	xìngfú [씽푸]	행복(하다)
	有福	yǒufú [요우푸]	유복하다

총획 13획 필순 礻 礻 礻 祠 福 福 福 안자 福 복 복

福 福 福 福 福 福 福 福 福 福 福 福

190

祝

zhù [쮸]

축하하다, 빌다

Tip 祝 제[礻]를 지낼 때 사람[儿]이 축문을 읽는[口] 모양에서 '빌다', '축하하다', '축문'의 뜻이 됨.

상용어휘
祝福	zhùfú [쮸푸]	축복(하다)
祝贺	zhùhè [쮸허]	축하하다
祝寿	zhùshòu [쮸쇼우]	생신을 축하하다
祝愿	zhùyuàn [쮸위엔]	축원(하다), 기원(하다)

총획 9획　필순 ` ⼅ ⺭ ⺭ 礻 祀 祝 祝　안자 祝 빌 축

物

wù [우]

물건, 물질

Tip 깃발[勿]이 휘날릴 때 잡히는 주름처럼 줄무늬가 있는 얼룩소[牛]를 나타낸 글자로, 소는 농가의 재산 중 대표적인 '물건'이라는 뜻.

상용어휘
物价	wùjià [우찌아]	물가
物品	wùpǐn [우핀]	물품
动物	dòngwù [똥우]	동물
礼物	lǐwù [리우]	선물

총획 8획　필순 ⼀ ⺧ ⺧ 牜 牤 物 物　안자 物 물건 물

特

tè [터]

특별하다, 특히

Tip 옛날 관청[寺]에서 중대한 일을 정할 때, 크고 힘센 소[牛]를 제단에 바친 데서 '특별하다'의 뜻이 됨.

상용어휘
特别	tèbié [터비에]	특별하다, 특별히, 특히
特产	tèchǎn [터찬]	특산물
特色	tèsè [터써]	특색, 특징
独特	dútè [두터]	독특하다

총획 10획 필순 ⺌ ⺍ 牜 牜 牜 牜 特 特 한자 特 특별할 특

找

zhǎo [쟈오]

찾다, 거슬러 주다

Tip '我'와 '找'를 혼동하지 않도록 주의할 것.

상용어휘
找人	zhǎorén [쟈오런]	사람을 찾다, 사람을 방문하다
找事	zhǎoshì [쟈오스]	일을 찾다, 직업을 구하다
查找	cházhǎo [차쟈오]	찾다, 조사하다
寻找	xúnzhǎo [쉰쟈오]	찾다, 구하다

총획 7획 필순 一 十 扌 扌 扌 找 找 한자 找 보충할 조

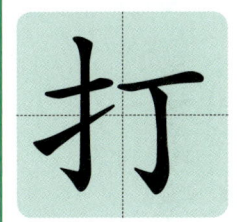

dǎ [다]

치다, 때리다

Tip 손[扌]에 장도리를 들고 못[丁]을 쳐 박는 모양에서 '치다'의 뜻이 됨.

상용어휘	打开	dǎkāi [다카이]	열다
	打算	dǎsuan [다쏸]	~할 계획이다, ~할 생각이다
	打针	dǎzhēn [다쩐]	주사를 놓다
	打招呼	dǎ zhāohu [다쨔오후]	인사하다

| 총획 5획 | 필순 一 十 扌 扌 打 | 한자 打 칠 타 |

bào [빠오]

신문, 보고하다, 보답하다

Tip   왼쪽의 '扌'과 오른쪽의 '又' 모두 손을 나타내므로 두 손으로 신문을 펼치는 장면을 생각해 볼 것.

상용어휘	报道	bàodào [빠오따오]	보도(하다)
	报告	bàogào [빠오까오]	보고(하다)
	报名	bàomíng [빠오밍]	신청하다, 지원하다
	报纸	bàozhǐ [빠오즈]	신문

| 총획 7획 | 필순 一 十 扌 扌 扌 报 报 | 한자 報 갚을/알릴 보 |

拉

lā [라]

끌다, 당기다

Tip '扌'은 손으로 당기는 것을 나타내므로 잘 서야[立] 비로소 당길 수 있다는 의미.

상용어휘
拉扯	lāche [라쳐]	끌다, 당기다, 돕다
拉开	lākāi [라카이]	당겨서 열다, 떼어 놓다
拉杂	lāzá [라자]	조리가 없다, 난잡하다
拉拉队	lālāduì [라라뛔이]	응원단

총획 8획　**필순** 一 扌 扌 扩 扩 拉 拉　**안자** 拉 꺾을 랍

接

jiē [찌에]

이어지다, 접촉하다, (전화를) 받다

Tip 하녀[妾]가 주인을 위해 손님을 안내하며[扌] 대접하는 모양에서 '맞이하다', '잇다'의 뜻이 됨.

상용어휘
接待	jiēdài [찌에따이]	접대하다, 응접하다
接见	jiējiàn [찌에찌엔]	접견하다, 만나다
接近	jiējìn [찌에찐]	접근하다, 가까이하다
间接	jiànjiē [찌엔찌에]	간접적인

총획 11획　**필순** 一 扌 扩 护 护 接 接　**안자** 接 접할 접

指

zhǐ [즈]

손가락, 가리키다, 지시하다

Tip 손가락[扌]으로 음식의 맛[旨]을 보는 모양에서 '손가락', '가리키다'의 뜻이 됨.

상용어휘
指导	zhǐdǎo [즈다오]	지도하다, 이끌어주다
指点	zhǐdiǎn [즈디엔]	지시하다, 가리키다
指教	zhǐjiào [즈찌아오]	지도하다, 가르치다
指示	zhǐshì [즈스]	지시(하다)

총획 9획　　**필순** 亅 扌 扌 扩 指 指 指　　**한자** 指 가리킬 지

约

yuē [위에]

약속하다, 절약하다

Tip 실[糹]로 작은[勺(1홉의 1/10)] 매듭을 맺는 모양에서 '맺다', '약속하다'의 뜻이 됨.

상용어휘
约定	yuēdìng [위에띵]	약속하다
约会	yuēhuì [위에훼이]	약속, 만날 약속을 하다
条约	tiáoyuē [티아오위에]	조약
预约	yùyuē [위위에]	예약(하다)

총획 6획　　**필순** 乙 纟 纟 纟 约 约　　**한자** 約 맺을 약

shào [샤오]

소개하다

 紹 실[糸]을 잇듯이 사람을 불러[召] 서로 알게 한다는 데서 '소개하다'의 뜻이 됨.

상용어휘

绍剧	shàojù [샤오쮜]	소극, 저장(浙江)성 지방 전통극의 하나
绍述	shàoshù [샤오슈]	계승하다
介绍	jièshào [찌에샤오]	소개하다
绍兴酒	shàoxīngjiǔ [샤오씽지우]	사오싱주, 소흥(绍兴)지역 황주(黃酒)의 일종

총획 8획 **필순** 乚 乡 乡 纟 纫 绍 绍 绍 **안자** 紹 이을 소

zhǐ [즈]

종이

 紙 가는 실[糸]이 나무 뿌리[氏(땅 속으로 뻗어내린 뿌리 모양)]처럼 얽혀 만들어진 것이 '종이'라는 뜻.

상용어휘

纸币	zhǐbì [즈비]	지폐
报纸	bàozhǐ [빠오즈]	신문
图纸	túzhǐ [투즈]	설계도, 도면, 도화지
信纸	xìnzhǐ [씬즈]	편지지

총획 7획 **필순** 乚 乡 乡 纟 红 纸 纸 **안자** 紙 종이 지

结

jié, jiē [지에, 찌에]

매다, 묶다, 결합하다

Tip 結 좋은[吉] 일을 위한 약속으로 실[糸]을 맺는다는 데서 '맺다', '마치다'의 뜻이 됨.

상용어휘
结果	jiéguǒ [지에궈]	결과, 결실
结婚	jiéhūn [지에훈]	결혼하다
结束	jiéshù [지에슈]	끝내다, 마치다
团结	tuánjié [투안지에]	단결하다, 단합하다, 사이가 좋다

총획 9획　**필순** 丿 纟 纟 纩 纩 结 结　**안자** 結 맺을 결

经

jīng [찡]

통과하다, 지나다, 경험하다

Tip 經 본래 뜻이 방직제품의 날실이므로 '糸'을 부수로 하고, '巠'은 음을 나타냄.

상용어휘
经常	jīngcháng [찡창]	늘, 언제나, 보통이다, 일상적이다
经过	jīngguò [찡궈]	경과하다, 지나다, 경험하다
经济	jīngjì [찡찌]	경제
经验	jīngyàn [찡옌]	경험(하다)

총획 8획　**필순** 纟 纡 纡 经 经 经　**안자** 經 지날/글 경

练 liàn [리엔]

연습하다, 훈련하다

Tip 오른쪽은 '东'이지, '东'이 아님에 주의할 것.

상용어휘		
练习	liànxí [리엔씨]	연습(하다), 익히다
练字	liànzì [리엔쯔]	글씨 연습을 하다, 습자를 하다
教练	jiàoliàn [찌아오리엔]	감독, 코치, 훈련하다
训练	xùnliàn [쉰리엔]	훈련(하다)

총획 8획　필순 ㄴ 幺 纟 纟 纩 纩 练　한자 練 익힐 련

练 练 练 练 练 练 练 练 练 练 练 练

红 hóng [홍]

빨갛다

Tip 붉은 물감을 만들어[工] 실[纟]에 물들인 모양에서 '붉다'의 뜻이 됨.

상용어휘		
红牌	hóngpái [홍파이]	레드카드
红旗	hóngqí [홍치]	적기, 붉은 깃발, 우승기
红色	hóngsè [홍써]	붉은색, 빨강
口红	kǒuhóng [코우홍]	립스틱

총획 6획　필순 纟 纟 红 红　한자 紅 붉을 홍

红 红 红 红 红 红 红 红 红 红 红 红

xiàng [씨앙]

코끼리

 코끼리의 코·엄니·네 발·꼬리의 모양을 본뜬 글자로, '코끼리', '모양', '형상'의 뜻.

상용어휘
对象	duìxiàng [뛔이씨앙]	(결혼의) 상대
现象	xiànxiàng [씨엔씨앙]	현상
象牙	xiàngyá [씨앙야]	상아, 코끼리 이빨
大象	dàxiàng [따씨앙]	코끼리

총획 11획 · 필순 ʻʻ ̔ 今 乌 乌 豸 象 · 한자 象 코끼리/모양 상

xiàng [씨앙]

모양, 같다, 비슷하다

  사람[亻]이 그려놓은 코끼리[象]의 모양을 본뜬 데서 '모양', '비슷하다'의 뜻이 됨.

상용어휘
好像	hǎoxiàng [하오씨앙]	마치 ~과 같다
肖像	xiàoxiàng [씨아오씨앙]	(사람의) 사진
虚像	xūxiàng [쉬씨앙]	허상
照像	zhàoxiàng [쨔오씨앙]	사진을 찍다

총획 13획 · 필순 亻 亻 伫 伊 像 像 · 한자 像 모양 상

huà [화]

그림, (그림을) 그리다

 畫 중간의 '田'을 한폭의 그림으로 생각하고, 액자[囗]에 넣는 것을 생각해 볼 것.

상용어휘
画报	huàbào [화빠오]	화보
画家	huàjiā [화찌아]	화가
画像	huàxiàng [화씨앙]	초상화를 그리다
书画	shūhuà [슈화]	서화

총획 8획　**필순** 一 丆 丙 币 面 画 画　**안자** 畫 그림 화 / 그을 획

miàn [미엔]

얼굴, (물체의) 표면

  사람의 '얼굴'을 본뜬 글자.

상용어휘
面包	miànbāo [미엔빠오]	빵
面前	miànqián [미엔치엔]	면전, 눈 앞
面条	miàntiáo [미엔티아오]	국수
表面	biǎomiàn [비아오미엔]	표면, 외관

총획 9획　**필순** 一 丆 厈 而 而 面 面　**안자** 面 낯 면

200

告

gào [까오]

보고하다, 신고하다, 진술하다

Tip 제물로 소[牛]를 잡아 바치고 신에게 고하는[口] 모양을 본떠 '고하다', '알리다'의 뜻이 됨.

상용어휘
告诉	gàosu [까오쑤]	알리다, 말하다
告知	gàozhī [까오쯔]	알리다, 통지하다
报告	bàogào [빠오까오]	보고(하다)
广告	guǎnggào [광까오]	광고, 선전

총획 7획　**필순** ノ 一 ヒ 牛 牛 告 告　**안자** 告 고할 고

在

zài [짜이]

있다, ~에서

Tip 새싹[(싹이 땅에서 돋아나는 모양)]이 흙[土] 위로 나와 있다는 데서 '있다'의 뜻이 됨.

상용어휘
在场	zàichǎng [짜이창]	현장에 있다
在世	zàishì [짜이스]	살아 있다, 생존하다
实在	shízài [스짜이]	확실히, 정말
现在	xiànzài [씨엔짜이]	현재, 지금

총획 6획　**필순** 一 ナ 才 ナ 在 在　**안자** 在 있을 재

cái [차이]

재능, 재주, 겨우, 고작, 비로소

Tip 형상이 발을 차며 춤을 추는 사람과 비슷하여 매우 '재능'이 있다는 의미.

상용어휘
才华	cáihuá [차이화]	뛰어난 재능, 뛰어난 재주
才能	cáinéng [차이넝]	재능
刚才	gāngcái [깡차이]	방금, 지금 막
天才	tiāncái [티엔차이]	천재, 타고난 재능

총획 3획 　필순  　한자 纔 겨우 재 / 才 재주 재

yǐ [이]

~을 가지고, ~에 의해, ~에 따라

Tip 왼쪽의 'レ'는 2획이 아닌 1획임을 주의할 것.

상용어휘
以后	yǐhòu [이호우]	이후
以前	yǐqián [이치엔]	이전
以外	yǐwài [이와이]	이외
以为	yǐwéi [이웨이]	여기다, 생각하다

총획 4획 　필순 　한자 以 써 이

片

piàn [피엔]
조각, 편평하고 얇은 물건

Tip 片 둘로 쪼갠 통나무의 오른쪽[왼쪽은 爿(조각널 장)] 모양을 본떠, '조각', '한 쪽', '쪼개다'의 뜻을 나타냄.

상용어휘
片面	piànmiàn [피엔미엔]	한쪽, 일방적이다, 단편적이다
片子	piànzi [피엔즈]	명함, 조각
卡片	kǎpiàn [카피엔]	카드
图片	túpiàn [투피엔]	사진·그림·탁본 등의 총칭

총획 4획 **필순** 丿丿广片   **한자** 片 조각 편

书

shū [슈]
책

Tip 사람이 손으로 붓을 잡고 글씨를 쓰는 것을 상상해 볼 것.

상용어휘
书包	shūbāo [슈빠오]	책가방
书店	shūdiàn [슈띠엔]	서점
书法	shūfǎ [슈파]	서법, 서도, 서예
读书	dúshū [두슈]	책을 읽다, 독서하다

총획 4획 **필순** 乛㇗书书   **한자** 書 글/책 서

me, yāo [머, 야오]

지시대명사 · 의문대명사 · 부사 뒤에 쓰임

Tip 'me'와 'yāo' 두 가지 발음이 있음에 주의할 것.

상용어휘		
那么	nàme [나머]	그렇게, 저렇게
怎么	zěnme [전머]	어떻게
这么	zhème [쩌머]	이렇게, 이러한
怎么样	zěnmeyàng [전머양]	어때

총획 3획 　필순 ノ 厶 么 　　　　안자 麼　어조사 마

么 么 么 么 么 么 么 么 么 么 么 么

xí [씨]

배우다, 익히다, 익숙하다

Tip 어린 새가 날개를 파닥거리며 스스로 날기를 연습하는 모양에서 '익히다'의 뜻이 됨.

상용어휘		
习惯	xíguàn [씨꽌]	습관(이 되다), 익숙해지다
习性	xíxìng [씨씽]	습성, 습관
复习	fùxí [푸씨]	복습하다
学习	xuéxí [쉐시]	배우다, 학습하다

총획 3획 　필순 フ 刁 习 　　　　안자 習　익힐 습

习 习 习 习 习 习 习 习 习 习 习 习

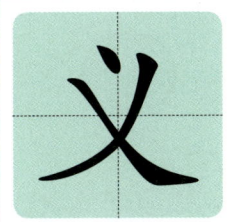

义 yì [이]

정의, 의, 의의

Tip 義 '乂'를 두 자루의 칼이 교차하는 것으로 상상해 볼 것. 약간(ヽ)의 정의를 위해 싸우는 것을 의미.

상용어휘
义气	yìqi [이치]	의기, 의리, 의협심
义务	yìwù [이우]	의무
名义	míngyì [밍이]	이름, 명의, 형식상
主义	zhǔyì [쥬이]	주의

총획 3획　　필순 丶丷乂　　한자 義 옳을 의

飞 fēi [페이]

날다

Tip 飛 새가 두 날개를 힘차게 펼치고 하늘을 나는 모양을 본뜬 글자.

상용어휘
飞船	fēichuán [페이촨]	비행선, 우주선
飞机	fēijī [페이지]	비행기
飞跑	fēipǎo [페이파오]	날쌔게 도망치다, 쏜살같이 달리다
飞行	fēixíng [페이씽]	비행하다

총획 3획　　필순 ㇅飞飞　　한자 飛 날 비

年

nián [니엔]

년, 해

Tip '年'은 '秊'가 본자(本字)로, 많은[千] 곡식[禾]들이 자라 익는 기간을 가리켜 한 '해'의 뜻이 됨.

상용어휘
年级	niánjí [니엔지]	학년
年纪	niánjì [니엔찌]	나이, 연령
年轻	niánqīng [니엔칭]	젊다
少年	shàonián [샤오니엔]	소년

총획 6획　**필순** ノ 𠂉 亠 𠂉 午 年　**안자** 年 해 년

共

gòng [꽁]

함께, 공통의, 모두

Tip 많은[廿] 사람들이 손을 내어 받든다[六←廾(들 공)]는 데에서 '한가지', '함께'의 뜻을 나타냄.

상용어휘
共通	gòngtōng [꽁통]	공통의, 공동의, 통용되는
共同	gòngtóng [꽁통]	공동의, 함께
公共	gōnggòng [꽁꽁]	공공의
共产党	gòngchǎndǎng [꽁챤당]	공산당

총획 6획　**필순** 一 十 廾 ⺾ 共 共　**안자** 共 한가지 공

shì [스]

세계, 세상

Tip '인간'의 활동 기간은 대략 30년이라는 데서 십[十]을 셋 합친 모양을 변형하여 만든 글자.

상용어휘			
	世代	shìdài [스따이]	세대, 대대
	世纪	shìjì [스찌]	세기
	世界	shìjiè [스찌에]	세계, 세상
	出世	chūshì [츄스]	출생하다, 세상에 나오다

총획 5획   필순 一十世世世   안자 世 인간 세

néng [넝]

~할 수 있다

Tip 주둥이[厶], 몸뚱이[月], 발[匕] 모양으로 곰을 본뜬 글자. 곰은 발을 재주 있게 잘 움직인다고 하여 '재능'의 뜻이 됨.

상용어휘			
	能力	nénglì [넝리]	능력, 역량
	能量	néngliàng [넝리앙]	에너지, 능력, 역량
	才能	cáinéng [차이넝]	재능
	可能	kěnéng [커넝]	아마, 가능성, 가능하다

총획 10획   필순 厶 厸 肀 肀 能 能   안자 能 능할 능

服

fú [푸]

따르다, 맡다, 담당하다

Tip 배[月←舟(배 주)]에서는 선장의 지시[叐]에 따라야 한다는 데서 '복종하다', '다스리다'의 뜻을 나타냄.

상용어휘
服从	fúcóng [푸총]	복종하다, 따르다
舒服	shūfu [슈푸]	편안하다, 안락하다
衣服	yīfu [이푸]	옷
服务员	fúwùyuán [푸우위엔]	종업원

총획 8획 필순 ノ 几 月 月 月 卩 服 服 안자 服 옷 복

望

wàng [왕]

바라보다, 희망하다

Tip 멍하니 서서[壬] 달[月]을 바라보며 지금은 없는[亡] 사람이 돌아오기를 바라는 모양에서 '바라다', '기다리다'의 뜻이 됨.

상용어휘
渴望	kěwàng [커왕]	갈망하다, 간절히 바라다
期望	qīwàng [치왕]	기대(하다)
失望	shīwàng [스왕]	실망하다, 희망을 잃다
希望	xīwàng [씨왕]	희망(하다), 바라다

총획 11획 필순 ` 亠 亡 亡 亡 亡 亡 望 望 望 望 안자 望 바랄 망

师

shī [스]

선생, 스승

Tip 師 오른쪽 '帀'는 '巿'자 위에서 점이 하나 적은 것임을 주의할 것.

师傅	shīfu	[스푸]	스승, 사부, 기사님
教师	jiàoshī	[찌아오스]	교사
老师	lǎoshī	[라오스]	선생님, 스승
医师	yīshī	[이스]	의사

총획 6획　　**필순** ⼀ ⼁ ⼁⼂ ⼁⼃ ⼁⼆ 师　　**안자** 師 스승 사

师 师 师 师 师 师 师 师 师 师 师 师

带

dài [따이]

벨트, 띠, (몸에) 지니다, 가지다

Tip 帶 긴 옷[巾]을 겹쳐 입기 위해 패물들로 꾸민[卌] 띠를 매는 모양을 본뜬 글자로, '띠', '지니다', '차다'의 뜻.

带动	dàidòng	[따이똥]	이끌어 움직이다, 이끌어 나가다
带领	dàilǐng	[따이링]	안내하다, 인솔하다
皮带	pídài	[피따이]	가죽 띠, 가죽 혁대
一带	yídài	[이따이]	일대

총획 9획　　**필순** ⼀ 卄 卅 卌 带 带 带　　**안자** 帶 띠 대

带 带 带 带 带 带 带 带 带 带 带

复 fù [푸]

반복하다, 다시

Tip 夏 '复'자 왼쪽의 두 삐침을 제거하면, '夏'가 되는데, 또 1일[又一日] 즉, 중복을 나타냄.

상용어휘
复活	fùhuó [푸훠]	부활하다, 죽었다 다시 살아나다
复习	fùxí [푸시]	복습하다
重复	chóngfù [총푸]	반복하다, 되풀이하다, 중복되다
反复	fǎnfù [판푸]	반복하다, 거듭하다

총획 9획　필순 ノ 丶 ㇒ 亠 午 旨 复 复　한자 復 회복할 복 / 다시 부

夜 yè [예]

밤

Tip 夜 해가 지고 다시[亠] 저녁[夕]이 되면 어두운 밤이 되는 데서 '밤', '캄캄하다'의 뜻을 나타냄.

상용어휘
夜班	yèbān [예빤]	야근, 밤일
夜间	yèjiān [예찌엔]	야간
夜晚	yèwǎn [예완]	밤, 야간
半夜	bànyè [빤예]	심야, 한밤중

총획 8획　필순 亠 广 亇 疒 夜 夜 夜 夜　한자 夜 밤 야

lí [리]

~로부터, 헤어지다, 떠나다

 離 '离'자는 먼저 '亠'을 쓰고, 다음에 'ㄩ'를 쓰고, 그 다음은 '冂'을 쓰고, 마지막으로 '厶'을 씀. 필순에 주의.

상용어휘
离别	líbié [리비에]	이별하다, 헤어지다
离婚	líhūn [리훈]	이혼하다
离开	líkāi [리카이]	헤어지다, 떠나다
分离	fēnlí [펀리]	분리하다, 헤어지다

총획 10획 | 필순 亠 圡 齿 卤 离 离 离 | 한자 離 떠날 리

离 离 离 离 离 离 离 离 离 离 离 离

biàn [삐엔]

변하다, 바뀌다

 變 위쪽의 '亦'와 아래쪽의 '又'을 합친 글자.

상용어휘
变动	biàndòng [삐엔똥]	변동하다, 바꾸다
变化	biànhuà [삐엔화]	변화(하다)
变质	biànzhì [삐엔쯔]	변질하다, 변하다
改变	gǎibiàn [가이삐엔]	변하다, 고치다

총획 8획 | 필순 丶 亠 亣 亦 变 变 | 한자 變 변할 변

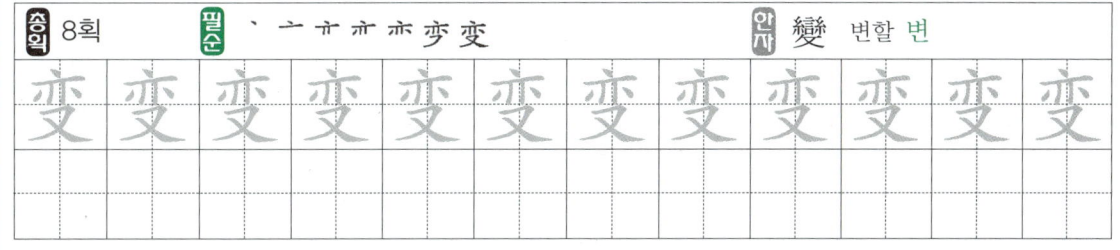

tiáo [티아오]

가늘고 긴 것(양사)

 Tip 위쪽은 '夂'으로, '各' 자의 윗부분과 같으며, 아래쪽은 '木'이고, 가늘고 긴 것을 나타냄.

상용어휘
条件	tiáojiàn [티아오찌엔]	조건
条款	tiáokuǎn [티아오콴]	(법률·계약 등의) 조항, 조목
面条	miàntiáo [미엔티아오]	국수
苗条	miáotiao [미아오티아오]	(몸매가) 날씬하다

총획 7획 | 필순 ノクタ冬条条条 | 안자 條 가지 조

měi [메이]

매, 각

 Tip 풀싹[㇒]이 풀포기[母]에서 잇달아 나온다 하여 '매양'의 뜻이 됨.

상용어휘
每年	měinián [메이니엔]	매년
每天	měitiān [메이티엔]	매일
每夜	měiyè [메이예]	밤마다
每月	měiyuè [메이위에]	매월

총획 7획 | 필순 ノ𠂉㇒每每每每 | 안자 每 매양 매

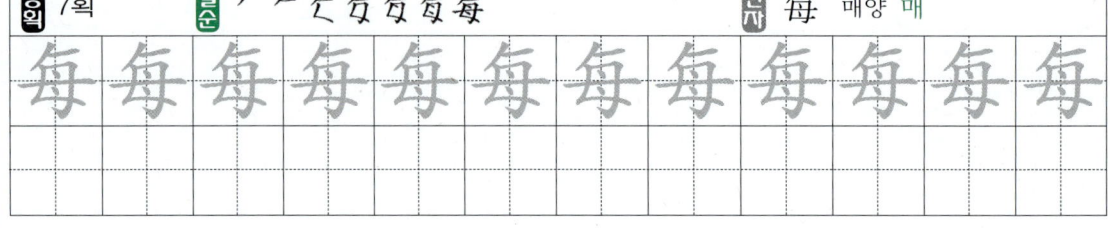

病

bìng [삥]

병, 질병

Tip 밤새 불을 밝히고[丙] 보살펴야 할 만큼 앓는[疒] 모양에서 '병들다', '질병'의 뜻이 됨.

상용어휘
病床	bìngchuáng [삥츄앙]	병상
病人	bìngrén [삥런]	환자, 병자
看病	kànbìng [칸삥]	진찰하다, 진료하다
生病	shēngbìng [셩삥]	병이 나다

총획 10획 필순 丶 亠 广 广 疒 疒 疒 病 病 안자 病 병 병

张

zhāng [쌍]

장(종이 등을 세는 양사), 열다, 펼치다

Tip   활[弓]을 들어 시위를 힘껏[长] 잡아당기는 모양을 나타냄.

상용어휘
张开	zhāngkāi [쌍카이]	벌리다, 펼치다, 열다
张扬	zhāngyáng [쌍양]	떠벌리다, 퍼뜨리다
紧张	jǐnzhāng [진쌍]	긴장해 있다, 불안하다
主张	zhǔzhāng [쥬쌍]	주장(하다)

총획 7획 필순 ㄱ ㄱ 弓 弓 弘 张 张 안자 張 베풀 장

màn [만]

느리다, 태만하다

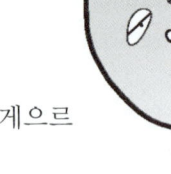

Tip 마음[忄]이 방자하게 퍼져 있는[曼] 모양에서 '게으르다', '느리다', '거만하다'의 뜻이 됨.

상용어휘
慢车	mànchē [만쳐]	완행 열차
慢走	mànzǒu [만쪼우]	천천히 걷다, 안녕히 가세요, 살펴 가세요
快慢	kuàimàn [콰이만]	속도
且慢	qiěmàn [치에만]	잠깐 기다려라, 서두르지 마라

총획 14획 **필순** 丶忄忄㣺㣺慢慢慢 **안자** 慢 게으를/거만할 만

慢 慢 慢 慢 慢 慢 慢 慢 慢 慢 慢

jiāng, jiàng [찌앙]

장차, 곧, 장수, 통솔하다

Tip 왼쪽 '丬', 오른쪽 윗부분 '夕', 오른쪽 아랫부분 '寸'을 합친 글자.

상용어휘
将军	jiāngjūn [찌앙쮠]	장군
将来	jiānglái [찌앙라이]	장래, 미래
将士	jiāngshì [찌앙스]	장병
大将	dàjiàng [따찌앙]	대장

총획 9획 **필순** 丶丬丬㳇㳇将将 **안자** 將 장수/장차 장

將 將 將 將 將 將 將 將 將 將 將

民

mín [민]

국민, 백성, 대중

Tip 초목의 싹이 많이 나고 뿌리를 뻗는 모양에서, '백성', '서민'을 뜻함.

상용어휘
民主	mínzhǔ [민쥬]	민주(적이다)
民族	mínzú [민주]	민족
农民	nóngmín [농민]	농민
人民	rénmín [런민]	인민, 사람들

총획 5획 **필순** 一 ⸝ 尸 戸 民 **안자** 民 백성 민

身

shēn [션]

몸, 신체, 몸체

Tip 아기를 가진 여자의 모습을 본뜬 글자로, '몸', '신체'의 뜻.

상용어휘
身边	shēnbiān [션삐엔]	신변, 곁
身体	shēntǐ [션티]	몸, 신체
身心	shēnxīn [션씬]	몸과 마음, 심신
出身	chūshēn [츄션]	신분, 출신

총획 7획 **필순** ⸝ 丨 刀 亓 身 身 身 **안자** 身 몸 신

shì [스]

일, 사건, 사고

Tip 깃발을 들고 일터로 나가는 모양을 본뜬 글자.

상용어휘
事故	shìgù [스꾸]	사고
事前	shìqián [스치엔]	사전, 일이 일어나기 전
事情	shìqing [스칭]	일, 사건
事实	shìshí [스스]	사실

총획 8획 · 필순 一 ㄱ ㄱ ㅌ ㅌ ㅌ ㅌ 事 · 한자 事 일 사

cān, shēn [찬, 션]

참가하다, 인삼

Tip 먼저 'ㄥ'를 쓰고, 다음에 '大'를 쓰고, 마지막으로 'ㄅ'을 쓰면 됨.

상용어휘
参观	cānguān [찬꽌]	참관하다, 견학하다
参加	cānjiā [찬찌아]	참가하다, 가입하다
参考	cānkǎo [찬카오]	참고하다, 참조하다
人参	rénshēn [런션]	인삼

총획 8획 · 필순 · 한자 参 참여할 참 / 석 삼

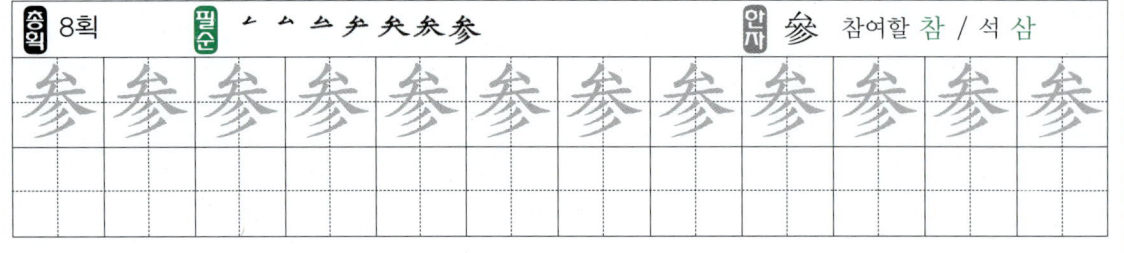

dǎo [다오]

인도하다, 지도하다

Tip 위쪽은 '巳(sì)'이지, '己(jǐ)'나 '已(yǐ)'가 아님에 주의할 것.

상용어휘
导弹	dǎodàn [다오딴]	유도탄, 미사일
导致	dǎozhì [다오쯔]	야기하다, 초래하다
领导	lǐngdǎo [링다오]	지도(하다), 지도자
指导	zhǐdǎo [즈다오]	지도하다, 이끌어주다

총획 6획 **필순** フ ⊐ 巳 巳 무 무 **한자** 導 인도할 도

bù [뿌]

걷다, 걸음, 보폭

Tip 사람이 두 발[止]을 번갈아 내딛어 땅을 밟고[少] 가는 모양에서 '걸음'의 뜻이 됨.

상용어휘
步行	bùxíng [뿌씽]	보행하다, 걸어서 가다
初步	chūbù [츄뿌]	시작 단계의
散步	sànbù [싼뿌]	산책하다
跑步	pǎobù [파오뿌]	달리다

총획 7획 **필순** 丨 ├ 止 止 少 歩 步 **한자** 步 걸음 보

yāo, yào [야오]

원하다, 필요하다, 요구하다

Tip 여자[女]가 손으로 허리를 덮듯이[襾] 대고 서 있는 모양을 본뜬 글자로, '요하다', '구하다', '중하다'의 뜻.

상용어휘			
要求	yāoqiú	[야오치우]	요구(하다)
要好	yàohǎo	[야오하오]	사이가 좋다, 친밀하다
要是	yàoshi	[야오스]	만약 ~라면
重要	zhòngyào	[쫑야오]	중요하다

총획: 9획 필순: 一 厂 厂 西 西 更 要 要 한자: 要 구할/요긴할 요

shēng [성]

(목)소리

Tip 위쪽은 '士'이지, '土'가 아님에 주의하고, 아래쪽은 '尸' 이지 '尸'이 아님에 주의할 것.

상용어휘			
声调	shēngdiào	[성띠아오]	성조, 어조, 말투
声明	shēngmíng	[성밍]	성명(하다)
声母	shēngmǔ	[성무]	성모, 자음(字音)
声音	shēngyīn	[성인]	소리, 목소리

총획: 7획 필순: 一 十 士 耂 耂 声 声 한자: 聲 소리 성

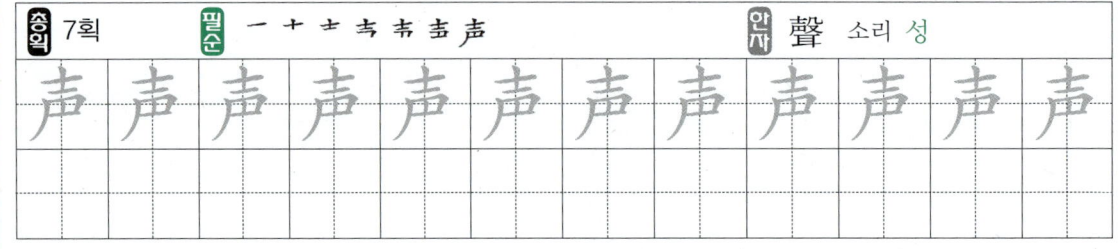

suǒ [쑤오]

장소, 곳

Tip 도끼[斤]에 찍힌 나무의 자국이 외짝문[戶]과 같다는 데서 '곳', '바'의 뜻이 됨.

상용어휘		
所以	suǒyǐ [수오이]	그래서
所有	suǒyǒu [수오요우]	모든, 일체의, 소유하다
场所	chǎngsuǒ [챵수오]	장소
处所	chùsuǒ [츄수오]	장소, 곳

총획 8획 | 필순 ㅡ ㄱ ㄱ ㄱ 所 所 所 所 | 한자 所 바 소

jiàn [찌엔]

건설하다, 세우다, 제안하다

Tip 붓[聿]을 세워 글을 써 내리는[廴] 모양에서 '세우다'의 뜻이 됨.

상용어휘		
建国	jiànguó [찌엔궈]	건국하다, 나라를 세우다
建立	jiànlì [찌엔리]	세우다, 건립하다
建设	jiànshè [찌엔셔]	건설(하다)
建筑	jiànzhù [찌엔쮸]	건축하다, 건축물

총획 8획 | 필순 ㄱ ㅋ ㅋ 글 聿 建 建 | 한자 建 세울 건

huáng [황]

노란, 황제

Tip 黃 들에 펼쳐진 논밭[田]의 빛깔[芡]이 누런빛이라는 데서 '누렇다'의 뜻이 됨.

상용어휘
黄帝	Huángdì [황띠]	황제
黄河	Huánghé [황허]	황허(黃河)
黄色	huángsè [황써]	노란색, 노랑
黄种人	huángzhǒngrén [황중런]	황인종

 11획   一 丷 共 土 苎 苗 黃 안자 黃 누를 황

黃 黃 黃 黃 黃 黃 黃 黃 黃 黃 黃 黃

qiè [치에]

(칼로) 썰다, 끊다

Tip 切 물건을 자르기 위해 칼질[刀]을 여러 번[七] 하는 모양에서 '자르다', '끊다'의 뜻이 됨.

상용어휘
切当	qièdāng [치에땅]	적절하다, 적당하다
切记	qièjì [치에찌]	꼭 기억하다
切实	qièshí [치에스]	확실하다, 착실하다, 적절하다
一切	yíqiè [이치에]	모든, 일체

 4획   一 七 切 切 안자 切 끊을 절 / 온통 체

切 切 切 切 切 切 切 切 切 切 切 切

句

jù [쮜]

문장

Tip 句 말[口]할 때 입김이 얽히며[勹] 구부러지는 모양에서 '글귀', '구절'의 뜻이 됨.

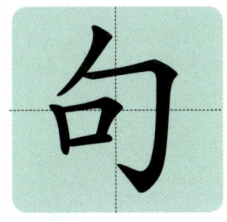

상용어휘
句子	jùzi [쮜즈]	문장
句点	jùdiǎn [쮜디엔]	마침표
词句	cíjù [츠쮜]	낱말과 구절, 어구
语句	yǔjù [위쮜]	어구

총획 5획 **필순** ノ 勹 勹 句 句 **한자** 句 글귀 구

的

de, dí, dì [더, 디, 띠]

~의, 과녁, 목표, 택시

Tip 的 해처럼 둥글고 흰[白] 작은[勺] 동그라미의 모양에서 '과녁', '표준'을 뜻하게 됨. '的'는 중국어에서 출현빈도가 가장 높은 글자임.

상용어휘
是的	shìde [스더]	그렇다, 맞다
有的	yǒude [요우더]	어떤 것, 어떤 사람
的确	díquè [디취에]	확실히, 분명히
目的	mùdì [무띠]	목적

총획 8획 **필순** ノ 亻 冂 冄 白 白 的 的 **한자** 的 과녁 적

够

gòu [꼬우]

충분하다, (손 등을 뻗어) 닿다, 제법, 꽤

Tip '句(jù, 고대 음운은 gōu)'는 음을 나타내고, '多'는 '충분하다'라는 뜻을 나타냄.

상용어휘
够本	gòuběn [꼬우번]	본전이 되다, 밑지지 않다
够用	gòuyòng [꼬우용]	충분하다, 쓸모 있다
不够	búgòu [부꼬우]	부족하다, 모자라다
能够	nénggòu [넝꼬우]	~할 수 있다

총획 11획　**필순** ノ ク 句 句 句 够 够　**한자** 够 많을 구

笑

xiào [씨아오]

웃다

Tip 대나무[竹]가 바람에 구부러지며[夭] 잎이 스치는 소리가 마치 사람이 허리를 구부리며 웃는 것과 같다는 데서 '웃음'의 뜻이 됨.

상용어휘
笑脸	xiàoliǎn [씨아오리엔]	웃는 얼굴
笑料	xiàoliào [씨아오리아오]	웃음거리
笑谈	xiàotán [씨아오탄]	담소하다, 농담, 웃음거리
苦笑	kǔxiào [쿠씨아오]	쓴 웃음(을 짓다)

총획 10획　**필순** ノ ㅅㅅ ㅆ ㅆ 竺 竺 笑 笑　**한자** 笑 웃음 소

bǐ [비]

펜, 쓰다

Tip 筆 위쪽은 대나무[竹]를, 아래쪽은 '毛(máo)'를 합친 글자. 중국 붓은 대나무와 수모(짐승 털)를 사용해서 만듦.

상용어휘
笔记	bǐjì [비찌]	필기(하다)
钢笔	gāngbǐ [깡비]	펜
毛笔	máobǐ [마오비]	붓, 모필
铅笔	qiānbǐ [치엔비]	연필

총획 10획　필순 　안자 筆 붓 필

dì [띠]

순서, 차례, 제~

Tip 第 글을 쓴 대쪽[竹]들을 위에서 아래[弔]로 순서대로 엮은 것이라는 데서 '순서', '차례'를 뜻함.

상용어휘
第一	dì-yī [띠이]	제1, 첫 번째, 제일이다
次第	cìdì [츠띠]	순서, 차례, 순차적으로
落第	luòdì [루오띠]	시험에 불합격하다
第三者	dì-sānzhě [띠싼져]	제3자

총획 11획　필순 　안자 第 차례 제

算

suàn [쑤안]

계산하다, 포함시키다

Tip 算 대나무[竹] 가지를 갖추어[具] 계산을 한다 하여 '셈하다'의 뜻이 됨.

상용어휘
算数	suànshù [쑤안슈]	인정하다, 그것으로 됐다, 수를 헤아리다
打算	dǎsuan [다쑤안]	~할 계획이다, ~할 생각이다
计算	jìsuàn [찌쑤안]	계산하다, 계획하다
总算	zǒngsuàn [종쑤안]	마침내, 드디어, 겨우

총획 14획 **필순** ⺮ ⺮ 竹 笋 笋 筲 算 **한자** 算 셈할 산

等

děng [덩]

기다리다, 등급

Tip 等 관청[寺]에서 대쪽으로 만든 많은 서류[竹]를 정리하는 모양에서 '등급', '기다리다'의 뜻이 됨.

상용어휘
等到	děngdào [덩따오]	~까지 기다리다
等等	děngděng [덩덩]	기타, 등등
等级	děngjí [덩지]	등급
高等	gāoděng [까오덩]	고등의, 수준이 높은

총획 12획 **필순** ⺮ ⺮ 竺 笁 笁 等 等 **한자** 等 무리 등

tōng [통]

통하다, 관통하다

Tip 골목길[甬]이 큰길로 이어져 가는[辶] 모양에서 '통하다', '알리다'의 뜻이 됨.

상용어휘
通过	tōngguò [통꿔]	통과하다, 건너가다
通信	tōngxìn [통씬]	통신하다
通知	tōngzhī [통쯔]	통지(하다)
交通	jiāotōng [찌아오통]	교통

총획 10획 필순 ｀ ｀ 甬 甬 甬 通 通 한자 通 통할 통

yùn [윈]

운송하다, 운용하다, 운동하다

Tip '辶'은 '걸어서 이동하다'라는 뜻을 나타내고, '云(yún)'은 음을 나타냄.

상용어휘
运动	yùndòng [윈똥]	운동
运输	yùnshū [윈슈]	운수하다, 운송하다
运用	yùnyòng [윈용]	운용하다, 활용하다
奥运会	Àoyùnhuì [아오윈훼이]	올림픽

총획 7획 필순 一 二 テ 云 辶 运 运 한자 運 옮길 운

guò [꿔]

건너다, 지나가다, ~한 적 있다

Tip '寸'은 척도를 나타내고, '辶'는 '추월하다', '초월하다', '지나다', '경과하다'라는 뜻을 나타냄.

상용어휘
过程	guòchéng [꿔청]	과정
过去	guòqù [꿔취]	과거, 지나가다
经过	jīngguò [찡꿔]	경과하다, 지나다, 경험하다
通过	tōngguò [통꿔]	통과하다, 건너가다

총획 6획 필순 一 寸 寸 寸 过 过 한자 過 지날/허물 과

dào [따오]

길, 도로

Tip 사람[首]이 마땅히 가야[辶] 할 '길'을 뜻함.

상용어휘
道德	dàodé [따오더]	도덕(적이다)
道理	dàolǐ [따오리]	도리, 이치, 규칙
道路	dàolù [따오루]	도로, 길
街道	jiēdào [찌에따오]	큰길, 가로(街路), 거리

총획 12획 필순 丷 丷 艹 芇 首 首 道 道 한자 道 길/말할 도

该

gāi [까이]

마땅히 ~해야 한다, 이, 그, 저

Tip '亥'의 필순에 주의할 것.
여기서 '亥(hài)'는 음을 나타냄.

상용어휘
该校	gāixiào [까이씨아오]	이 학교
该死	gāisǐ [까이쓰]	빌어먹을
不该	bùgāi [뿌까이]	~해서는 안 된다
应该	yīnggāi [잉까이]	~해야 한다, ~하는 것이 마땅하다

총획 8획 **필순** 丶讠讠讠诙诙该该 **안자** 該 갖출/마땅 해

让

ràng [랑]

양보하다, ~하도록 시키다

Tip '上(shàng)'은 음을 나타냄.

상용어휘
让步	ràngbù [랑뿌]	양보(하다)
让位	ràngwèi [랑웨이]	양보하다, 자리를 내주다
让座	ràngzuò [랑쭈오]	좌석을 양보하다
退让	tuìràng [퉤이랑]	양보하다, 뒤로 물러나 길을 터 주다

총획 5획 **필순** 丶讠讠讠让让 **안자** 讓 사양할/넘겨줄 양

xiè [씨에]

감사하다

Tip 힘껏 당겨 활을 쏘듯[射] 잘라 말하는[讠] 모양에서 '사절하다' 또는 '감사하다'의 뜻이 됨.

상용어휘			
谢绝	xièjué	[씨에쮀]	사절하다, 정중히 거절하다
谢谢	xièxie	[씨에씨에]	감사합니다, 고맙습니다
答谢	dáxiè	[다씨에]	사례하다, 감사를 표하다
感谢	gǎnxiè	[간씨에]	감사(하다)

총획 12획 　필순 讠 讦 诮 诮 诮 谢 谢 谢　한자 謝 사례할 사

jì [찌]

계산하다, 계획하다

Tip 큰 소리[讠]로 열[十] 묶음씩 헤아리며 센다는 데서 '세다', '계산하다'의 뜻이 됨.

상용어휘			
计划	jìhuà	[찌화]	계획(하다)
计算	jìsuàn	[찌쏸]	계산하다, 계획하다
会计	kuàijì	[콰이찌]	회계, 경리
计算机	jìsuànjī	[찌쏸지]	컴퓨터

총획 4획 　필순 丶 亠 计 计　한자 計 셀 계

sù [쑤]

고소하다, 호소하다, 알리다

Tip 억울함을 풀기[斥] 위해 관청에 호소하는[讠] 모양에서 '호소하다', '아뢰다'의 뜻이 됨.

상용어휘

诉苦	sùkǔ [쑤쿠]	괴로움을 하소연하다
诉说	sùshuō [쑤슈오]	하소연하다
告诉	gàosu [까오쑤]	알리다, 말하다
上诉	shàngsù [샹쑤]	상소(하다)

총획 7획　필순 　안자 訴　호소할 소

yǔ [위]

말, 말하다

Tip 말[讠]로 자기[吾]의 의견을 나타낸다 하여 '말'을 뜻함.

상용어휘

语法	yǔfǎ [위파]	어법
语言	yǔyán [위옌]	언어
汉语	Hànyǔ [한위]	중국어, 한어
口语	kǒuyǔ [코우위]	구어

총획 9획　필순 　안자 語　말씀 어

shuō [슈오]
말하다

 說 자세하게 말[讠]하여 기뻐하도록[兑] 설명하는 모양에서 '말씀', '고하다'의 뜻이 됨.

상용어휘		
说法	shuōfǎ [슈오파]	의견, 견해, 표현
说话	shuōhuà [슈오화]	말하다, 이야기하다
说明	shuōmíng [슈오밍]	설명하다
小说	xiǎoshuō [씨아오슈오]	소설

총획 9획 필순 丶 讠 讠 䜣 诮 说 说 한자 說 말씀 설 / 달랠 세

dú [두]
(소리내어) 읽다

 讀 장사꾼이 물건을 팔[卖] 때 소리치듯 큰 소리[讠]로 책을 읽는 모양에서 '읽는다'의 뜻이 됨.

상용어휘		
读本	dúběn [두번]	교과서, 교본
读者	dúzhě [두져]	독자
朗读	lǎngdú [랑두]	낭독하다, 읽다
阅读	yuèdú [위에두]	열독하다, 읽다

총획 10획 필순 讠 讠 讠 诗 诗 读 读 한자 讀 읽을 독 / 구절 두

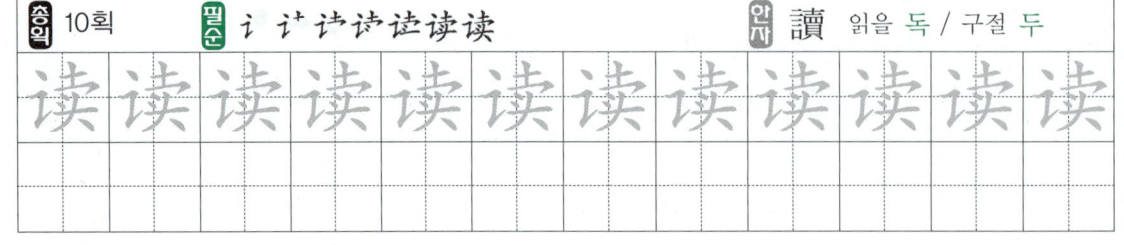

kè [커]

수업, 과(課)

Tip 課 공부한 결과[果]에 대하여 묻는다[讠]는 데서 '공부하다', '과정'의 뜻이 됨.

상용어휘	课本	kèběn [커번]	교과서
	课堂	kètáng [커탕]	교실
	上课	shàngkè [샹커]	수업하다
	下课	xiàkè [씨아커]	수업이 끝나다, 수업을 마치다

총획 10획 필순 `讠 讵 讵 课 课 课` 한자 課 공부할/과정 과

课 课 课 课 课 课 课 课 课 课 课 课

lùn [룬]

논하다, 말하다, 논의하다

Tip 論 많은 책을 읽고 자기의 생각[仑]을 모아 조리있게 말하는[讠] 모양에서 '논하다', '변론하다'의 뜻이 됨.

상용어휘	论理	lùnlǐ [룬리]	이치대로 말하다, 도리를 말하다
	论述	lùnshù [룬슈]	논술(하다)
	论文	lùnwén [룬원]	논문
	讨论	tǎolùn [타오룬]	토론(하다)

총획 6획 필순 `丶 讠 讠 访 论 论` 한자 論 논할 론

论 论 论 论 论 论 论 论 论 论 论 论

tán [탄]

이야기, 말하다, 토론하다

Tip 불[炎] 옆에 둘러앉아 서로 이야기를 나눈다[讠]는 데서 '이야기하다', '말씀'의 뜻이 됨.

상용어휘
谈话	tánhuà [탄화]	이야기하다, 담화하다
谈论	tánlùn [탄룬]	담론하다, 논의하다
谈判	tánpàn [탄판]	담판하다, 회담하다, 협상하다
会谈	huìtán [훼이탄]	회담(하다)

총획 10획 | 필순 丶 讠 讠 讠 炎 谈 谈 | 한자 談 말씀 담

ér [얼]

그러나(역접), 그리고(순접)

Tip 윗수염의 모양을 본뜬 글자.

상용어휘
而后	érhòu [얼호우]	이후에
而且	érqiě [얼치에]	게다가
而已	éryǐ [얼이]	~뿐이다
从而	cóng'ér [총얼]	따라서, 그리하여

총획 6획 | 필순 一 丆 丌 而 而 | 한자 而 말이을 이

xū [쉬]

수요, 필요하다

Tip 비[雨]를 만나 머뭇거리는[而] 모양에서 '쓰다', '소용되다'의 뜻이 됨.

상용어휘
需求	xūqiú [쉬치우]	요구, 필요
需要	xūyào [쉬야오]	요구되다, 필요로 하다
必需	bìxū [삐쉬]	꼭 필요로 하다
军需	jūnxū [쥔쉬]	군수, 군수품

총획 14획   필순 一 冖 乕 需 需 需 需   한자 需 쓰일 수

kè [커]

극복하다, 그램(g)

Tip 오랫동안[古] 무거운 짐을 지고 있는 사람[儿]의 모양에서 '이기다', '능하다'의 뜻이 됨.

상용어휘
克服	kèfú [커푸]	극복하다
克制	kèzhì [커쯔]	자제하다, 억제하다
千克	qiānkè [치엔커]	킬로그램(kg)
坦克	tǎnkè [탄커]	탱크, 전차

총획 7획   필순 一 十 十 古 古 声 克   한자 克 이길 극

京

jīng [찡]

수도

Tip 京 높은 언덕 위에 서 있는 궁성의 모양을 본떠 '수도'를 뜻하게 됨.

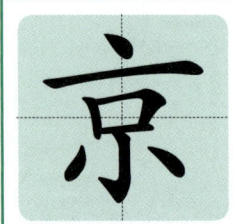

상용어휘
京城	jīngchéng [찡청]	국도, 수도, 경성
京剧	jīngjù [찡쮜]	경극
北京	Běijīng [베이징]	베이징, 북경
南京	Nánjīng [난징]	난징, 남경

총획 8획 필순 `丶 亠 ㅗ 亠 亩 亨 京 京` 한자 京 서울 경

束

shù [슈]

묶음, 묶다

Tip 나무[木]를 줄로 감아[口] 묶은 모양에서 '묶다', '동이다', '단속하다'의 뜻이 됨.

상용어휘
束缚	shùfù [슈푸]	속박하다, 구속하다
束身	shùshēn [슈션]	자중하다, 조신하다
束手	shùshǒu [슈쇼우]	손을 묶다, 속수무책이다
束腰	shùyāo [슈야오]	허리를 졸라매다, 허리띠

총획 7획 필순 `一 ㄱ 币 申 束 束 束` 한자 束 묶을 속

liáng [리앙]

서늘하다

Tip 물[氵]가에 있는 높지막한[京] 언덕은 선선하다는 데서 '서늘하다', '선선하다'의 뜻이 됨.

상용어휘			
	凉菜	liángcài [리앙차이]	냉채, 차게 먹는 요리
	凉快	liángkuai [리앙콰이]	시원하다, 선선하다
	凉水	liángshuǐ [리앙쉐이]	냉수, 찬물
	凉鞋	liángxié [리앙씨에]	샌들

총획 10획 필순 丶 冫 冫 广 广 庐 凉 凉 한자 凉 서늘할 량

jiù [찌우]

곧, 즉시, ~하자마자 바로

Tip 궁성[京]의 터를 더욱[尤] 높이 쌓고 다지는 모양에서 '완성하다', '나아가다', '곧'의 뜻이 됨.

상용어휘			
	就要	jiùyào [찌우야오]	곧, 머지않아
	就业	jiùyè [찌우예]	취업하다, 취직하다
	就职	jiùzhí [찌우즈]	부임하다, 취임하다
	成就	chéngjiù [쳥찌우]	성취, 성과, 이루다, 완성하다

총획 12획 필순 一 亠 亠 亨 京 京 就 就 한자 就 나아갈 취

cì [츠]

다음 가다, 두 번째이다, (품질이) 떨어지다

 피곤하여 하품[欠]하는 사람은 힘써 일하지 못하므로 다음[二(두 이)] 차례라는 데서 '버금', '다음', '차례'의 뜻이 됨.

상용어휘
次等	cìděng [츠덩]	차급, 2등
次品	cìpǐn [츠핀]	질이 낮은 물건
次要	cìyào [츠야오]	부차적인, 이차적인
其次	qícì [치츠]	다음, 그 다음

총획 6획 필순 丶冫汀汅次次 안자 次 버금 차

jué [줴]

결정하다, 결코

  물꼬[氵]가 잘 트이도록[夬] 한다는 데서 '결단하다', '끊다'의 뜻이 됨.

상용어휘
决定	juédìng [줴띵]	결정하다
决心	juéxīn [줴씬]	결심(하다), 결의(하다)
否决	fǒujué [포우줴]	부결하다, 거부하다
解决	jiějué [지에줴]	해결하다

총획 6획 필순 丶冫冖冮决决 안자 决 결단할 결

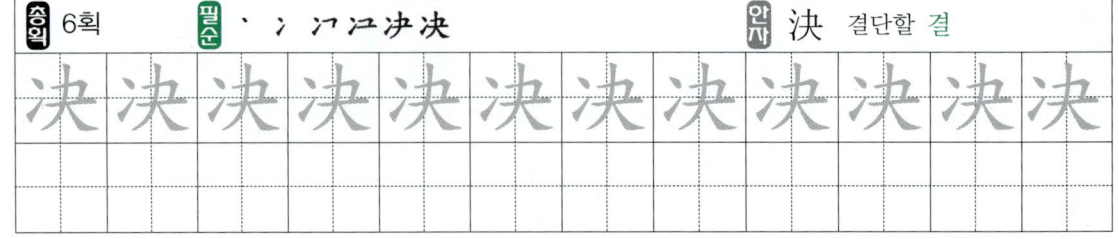

冷

lěng [렁]

춥다

Tip 윗사람이 내리는 명령[令]은 얼음[冫]과 같다는 데서 '차다', '쌀쌀하다'의 뜻이 됨.

상용어휘
冷静	lěngjìng [렁찡]	조용하다, 고요하다, 냉정하다
冷气	lěngqì [렁치]	차가운 기류
冷水	lěngshuǐ [렁쉐이]	냉수, 찬물
寒冷	hánlěng [한렁]	한랭하다, 몹시 춥다

총획 7획 필순 丶 冫 冫 个 个 冷 冷 한자 冷 찰 랭

号

háo, hào [하오]

소리치다, 번호

Tip 위쪽은 '口'이고, 아래쪽 '丂'은 소리를 나타냄.

상용어휘
号叫	háojiào [하오찌아오]	소리지르다
号码	hàomǎ [하오마]	번호
外号	wàihào [와이하오]	별명
口号	kǒuhào [코우하오]	구호, 슬로건

총획 5획 필순 丨 口 口 号 号 한자 號 이름/부를 호

suī [쒜이]

비록 ~이지만

 雖 '口'와 '虫(chóng)' 두 부분으로 구성됨.

상용어휘
虽然	suīrán [쒜이란]	비록 ~일지라도
虽是	suīshì [쒜이스]	비록 ~하지만
虽说	suīshuō [쒜이슈오]	비록 ~하지만
虽则	suīzé [쒜이저]	비록 ~하지만

총획 9획 · 필순 丨 冂 口 吕 吊 吊 虽 虽 虽 · 한자 雖 비록 **수**

zǒng [종]

총괄하다, 전부의, 전면적인

 總 '说'의 오른쪽 윗부분과 아래쪽의 '心'을 합친 글자.
마음은 사람의 말을 총괄적인 제어를 함.

상용어휘
总得	zǒngděi [종데이]	어쨌든 ~해야 한다
总共	zǒnggòng [종꿍]	모두, 전부, 합쳐서
总统	zǒngtǒng [종통]	대통령, 총통
总之	zǒngzhī [종쯔]	한 마디로 말하면, 어쨌든

총획 9획 · 필순 丶 丷 丷 쓰 쓰 总 总 总 · 한자 總 다 **총**

tú [투]

그림, 도표, 의도, 계획, 그리다

  '口'는 액자이고, 안에는 한 폭의 겨울[冬] 그림이 있다고 생각해 볼 것.

상용어휘

图案	tú'àn [투안]	도안
图书	túshū [투슈]	도서, 서적
图形	túxíng [투씽]	도형
图书馆	túshūguǎn [투슈관]	도서관

총획 8획　**필순** 丨 冂 冂 囗 冈 图 图　**안자** 圖 그림 도

图 图 图 图 图 图 图 图 图 图 图 图

yuán [위엔]

밭, 동산, 유람하고 오락하는 장소

  '口'는 '동산'을 나타내고, '元(yuán)'은 음을 나타냄.

상용어휘

园林	yuánlín [위엔린]	원림, 조경
园艺	yuányì [위엔이]	원예
菜园	càiyuán [차이위엔]	채소밭
公园	gōngyuán [꽁위엔]	공원

총획 7획　**필순** 丨 冂 冂 园 园 园 园　**안자** 園 동산 원

园 园 园 园 园 园 园 园 园 园 园 园

yīn [인]

원인, ~때문에

Tip 사방으로 담[口]을 두르고 그 안에 사람이 팔다리를 뻗고[大] 누운 모양에서 '의지하다', '인하다'의 뜻이 됨.

상용어휘			
因此	yīncǐ	[인츠]	이로 인하여, 이 때문에
因果	yīnguǒ	[인궈]	인과, 원인과 결과
因为	yīnwèi	[인웨이]	왜냐하면, ~로 인하여
原因	yuányīn	[위엔인]	원인

총획 6획　　필순 丨 冂 冂 因 因 因　　안자 因 인할 인

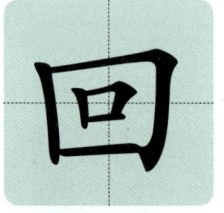

huí [훼이]

되돌아가다, 되돌아오다

Tip 물건이나 물이 빙빙 도는 모양을 본뜬 글자로, '돌다', '돌아오다'의 뜻이 됨.

상용어휘			
回答	huídá	[훼이다]	대답(하다)
回国	huíguó	[훼이궈]	귀국하다
回来	huílái	[훼이라이]	돌아오다
回去	huíqù	[훼이취]	돌아가다

총획 6획　　필순 丨 冂 冂 回 回 回　　안자 回 돌아올 회

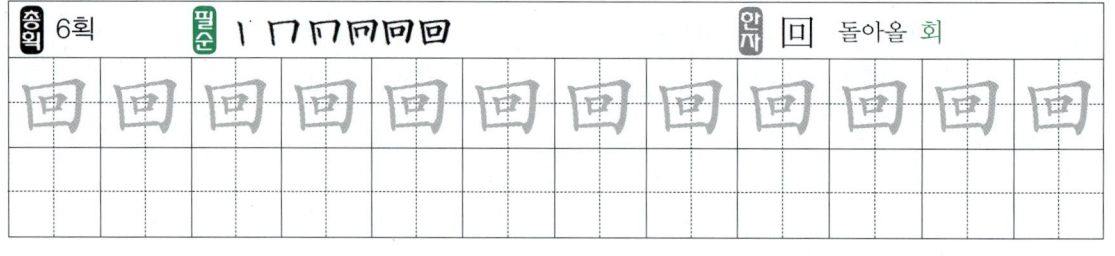

国

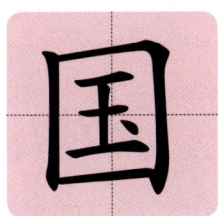

guó [궈]

국가, 나라

Tip 國 '口'는 국가의 영토이고, 중간에 있는 '玉'은 국왕의 옥새를 나타냄.

상용어휘
国防	guófáng [궈팡]	국방
国际	guójì [궈찌]	국제(적인)
国家	guójiā [궈찌아]	국가, 나라
中国	Zhōngguó [쭝궈]	중국

총획 8획 필순 丨冂冂冃囯国国国 한자 國 나라 국

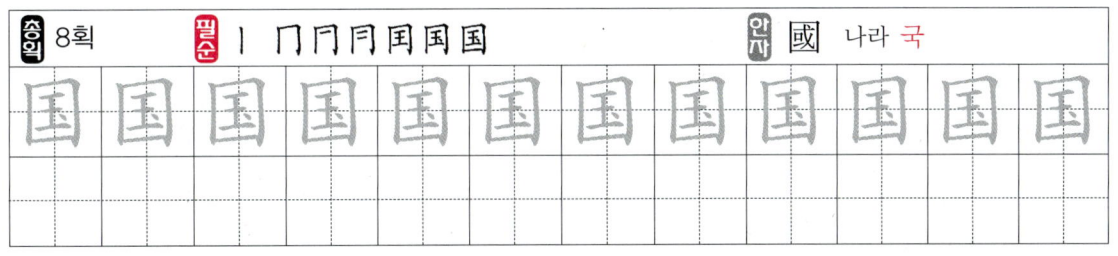

但

dàn [딴]

그러나, 다만

Tip 아침[旦]에 자리에서 일어나는 사람[亻]은 지평선 위로 떠오르는 해와 같이 맨 몸뿐이라는 데서 '다만', '홀로'의 뜻이 됨.

상용어휘
但见	dànjiàn [딴찌엔]	단지 ~만 보이다
但是	dànshì [딴스]	그러나, 그렇지만
非但	fēidàn [페이딴]	비단 ~뿐만 아니라
不但……而且	búdàn……érqiě [부딴 얼치에]	~뿐만 아니라

총획 7획 필순 丿亻亻仉但但但 한자 但 다만 단

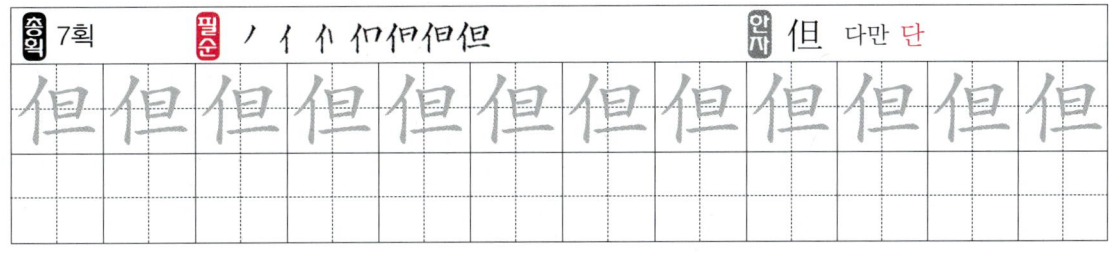

jiàn [찌엔]

문서, 서류, 건(일, 사건 등을 세는 양사)

Tip 件 사람[亻]이 농가의 재산으로 특별히 구별되는 소[牛]를 끌고 있는 모양에서 '물건', '서류'의 뜻을 나타냄.

상용어휘
事件	shìjiàn [스찌엔]	사건
条件	tiáojiàn [티아오찌엔]	조건
物件	wùjiàn [우찌엔]	물건, 물품
邮件	yóujiàn [요우찌엔]	우편물

총획 6획 필순 ノ 亻 亻 仁 仵 件 안자 件 물건 건

shén, shí [션, 스]

여러 가지, 열(10)

Tip 什 '十(shí)'는 음을 나타냄.
'什'의 발음은 'shén'과 'shí' 두 가지가 있음에 주의할 것.

상용어휘
什么	shénme [션머]	무엇
什物	shíwù [스우]	일상 생활 용품, 집기
什么的	shénmede [션머더]	기타 등등
干什么	gàn shénme [깐션머]	무엇을 하는가, 왜, 어째서

총획 4획 필순 ノ 亻 亻 什 안자 什 열사람 십 / 甚 심할 심

dài [따이]

대신하다, 대체하다

Tip 사람[亻]이 무기[弋]를 잡고 잘못된 것을 고쳐 새것으로 '대신한다'는 뜻.

상용어휘
代表	dàibiǎo [따이비아오]	대표(하다)
代理	dàilǐ [따이리]	대리하다, 대신하다
时代	shídài [스따이]	시대
现代	xiàndài [씨엔따이]	현대

총획 5획 필순 ノ 亻 仁 代 代 한자 代 대신 대

shì [스]

의식, 양식, 형식

Tip 장인[工]이 기구를 만들 때는 정확하게 자로 재어 먹물[弋]로 표하는 엄격함에서 '법', '본'의 뜻이 됨.

상용어휘
方式	fāngshì [팡스]	방식, 방법
新式	xīnshì [씬스]	신식(의), 신형(의)
形式	xíngshì [씽스]	형식, 형태
样式	yàngshì [양스]	양식, 스타일

총획 6획 필순 一 二 干 干 式 式 한자 式 법 식

chéng [청]

이루다, 성공하다, 완성하다

 成 무성한[戊] 나무와 같이 건강하고 활기찬 젊은이[丁]가 목적한 바를 이룬다는 데서 '이루다'의 뜻이 됨.

상용어휘			
	成功	chénggōng [청꿍]	성공(하다), 성공적이다
	成绩	chéngjì [청찌]	성적, 성과
	成就	chéngjiù [청찌우]	성취, 성과, 이루다, 완성하다
	完成	wánchéng [완청]	완성하다

총획 6획　필순 ノ 厂 厂 成 成 成　안자 成 이룰 성

huò [훠]

혹은, 아마도

 或 적의 내침을 의심하여 무기[戈]를 들고 백성[口]과 국토[一(땅의 모양)]를 지키는 모양에서 '혹', '아마도'의 뜻이 됨.

상용어휘			
	或然	huòrán [훠란]	아마, 혹 그럴 수 있다
	或许	huòxǔ [훠쉬]	아마, 혹시
	或则	huòzé [훠저]	~든지, ~이 아니면 ~이다
	或者	huòzhě [훠저]	아마, 혹은

총획 8획　필순 一 厂 戸 日 豆 或 或　안자 或 혹 혹

倍

bèi [뻬이]
배, 갑절

Tip 倍 사람[亻]이 물건을 가를[音] 때마다 그 양이 배로 늘어나는 모양에서 '갑절', '더욱'의 뜻이 됨.

상용어휘
倍加	bèijiā [뻬이찌아]	더욱더, 훨씬
倍率	bèilǜ [뻬이뤼]	배율
倍数	bèishù [뻬이슈]	배수
倍增	bèizēng [뻬이쩡]	배증하다, 갑절로 늘다

총획 10획 필순 亻亻亻亻位位倍倍倍 한자 倍 갑절 **배**

候

hòu [호우]
기다리다, 안부를 묻다

Tip 候 중간에 세로획(丨) 하나가 있는 것에 주의할 것.

상용어휘
候补	hòubǔ [호우부]	후보
等候	děnghòu [덩호우]	기다리다
气候	qìhòu [치호우]	기후
时候	shíhou [스호우]	때, 시각

총획 10획 필순 亻亻亻伊伊候候 한자 候 기후 **후**

例

lì [리]

예, 보기

Tip 사람[亻]이 칼로 자르듯 나란히 줄 지어 선[列] 모양에서 '관례', '본보기'의 뜻이 됨.

상용어휘
比例	bǐlì [비리]	비례, 비율, 비중
例如	lìrú [리루]	예를 들면
例外	lìwài [리와이]	예외(로 하다)
例子	lìzi [리즈]	예, 보기

총획 8획 필순 丿 亻 亻 万 乃 乃 例 例 한자 例 법식 례

治

zhì [쯔]

다스리다, 치료하다, 처벌하다

Tip 옛날 황허(黃河), 즉 범람하는 물[氵]을 잘 다루는[台] 것이 나라를 다스리는 기본이었던 데서 '다스리다', '바로잡다'는 뜻이 됨.

상용어휘
治安	zhì'ān [쯔안]	치안
治国	zhìguó [쯔궈]	나라를 다스리다, 치국하다
统治	tǒngzhì [통쯔]	통치(하다), 다스리다
政治	zhèngzhì [쪙쯔]	정치

총획 8획 필순 丶 氵 氵 氵 汄 治 治 治 한자 治 다스릴 치

流

liú [리우]

흐르다, 전하다

Tip 아기가 태어날 때[㐬(거꾸로 된 아이의 형상)] 양수[氵]와 함께 순조롭게 분만되는 모양에서 '흐르다', '갈래'의 뜻이 됨.

상용어휘
流动	liúdòng [리우똥]	흐르다, 옮겨다니다
流利	liúlì [리우리]	유창하다, 막힘이 없다
流通	liútōng [리우통]	유통하다
交流	jiāoliú [찌아오리우]	교류하다, 교차하여 흐르다

총획 10획　**필순** 氵氵氵汁汁浐浐流流　**안자** 流 흐를 류

渴

kě [커]

목마르다

Tip 수분[氵]의 공급이 그쳐[曷] 말라버린 모양에서 '목마르다', '급하다'의 뜻이 됨.

상용어휘
渴求	kěqiú [커치우]	간절히 구하다
渴望	kěwàng [커왕]	갈망하다, 간절히 바라다
渴想	kěxiǎng [커씨앙]	갈망하다, 몹시 그리워하다
解渴	jiěkě [지에커]	갈증을 해소하다

총획 12획　**필순** 氵氵汩汩渇渇渇　**안자** 渴 목마를 갈

借

jiè [찌에]

빌리다

Tip 僧 백성[亻]이 나라 땅을 빌려 오래도록[昔] 경작하는 모양에서 '빌리다', '빚'의 뜻이 됨.

상용어휘
借口	jièkǒu [찌에코우]	구실(로 삼다), 핑계(를 대다)
借条	jiètiáo [찌에티아오]	차용 증서, 차용증
借债	jièzhài [찌에쨔이]	돈을 빌리다, 차금하다
借书证	jièshūzhèng [찌에슈쩡]	도서 대출증

 10획　 亻 亻 亻 亻 借 借 借　한자 借 빌릴 차

错

cuò [추오]

틀리다, 잘못

Tip 錯 쇠붙이[钅]에 금속의 막을 덧씌운[昔] 모양에서 '섞이다', '어긋나다'는 뜻이 됨.

상용어휘
错过	cuòguò [추오궈]	잘못, 과실, (기회 등을) 놓치다
错觉	cuòjué [추오줴]	착각
错误	cuòwù [추오우]	잘못, 실수
不错	búcuò [부추오]	좋다, 괜찮다

 13획　 ノ 卜 乍 钅 钅 钅 错 错　한자 錯 어긋날 착

走

zǒu [쪼우]

가다, 걷다

Tip 走 팔을 크게[土] 내두르며 발을 잽싸게 내딛는[止←止(그칠 지)] 모양에서 '달리다', '달아나다'의 뜻이 됨.

상용어휘
走运	zǒuyùn [쪼우윈]	운이 좋다
出走	chūzǒu [츄쪼우]	도망치다, 떠나다
逃走	táozǒu [타오쪼우]	도주하다
行走	xíngzǒu [씽쪼우]	걷다, 거닐다

총획 7획 **필순** 一 十 土 キ キ 韦 走 **한자** 走 달릴/달아날 주

越

yuè [위에]

뛰어넘다, 벗어나다

Tip 越 큰 도끼[戉]를 휘두르며 경계 너머로 달려가는[走] 모양에서 '넘다', '건너다', '뛰어넘다'의 뜻이 됨.

상용어휘
越过	yuèguò [위에궈]	넘다, 뛰어넘다
越级	yuèjí [위에지]	등급을 건너뛰다
越权	yuèquán [위에취엔]	월권(하다)
超越	cháoyuè [챠오위에]	초월하다, 뛰어넘다

총획 12획 **필순** 土 キ 走 走 越 越 越 **한자** 越 넘을 월

249

家

jiā [찌아]

집, 가정, 집안

Tip 家 돼지[豕]를 한 지붕[宀] 밑에서 키우는 '작은 집'을 뜻함.

상용어휘
家庭	jiātíng [찌아팅]	가정
家务	jiāwù [찌아우]	집안일, 가사
家乡	jiāxiāng [찌아씨앙]	고향
大家	dàjiā [따찌아]	모두, 다들

총획 10획 필순 丶宀宀宁宇宇家家家 한자 家 집 가

空

kōng, kòng [콩]

비다, 비우다, 공간

Tip 空 땅을 파낸[工] 굴[穴]처럼 속이 '비다', '없다'는 뜻.

상용어휘
空间	kōngjiān [콩찌엔]	공간
空气	kōngqì [콩치]	공기
空白	kòngbái [콩바이]	공백, 여백
空闲	kòngxián [콩시엔]	여가, 한가하다

총획 8획 필순 丶丶宀宀宊空空空 한자 空 빌 공

dìng [띵]

안정적이다, 고정적이다, 정해진

Tip 宀 집[宀]에서 바른[疋] 자세를 지킨다는 데서 '정하다', '평안하다'의 뜻을 나타냄.

상용어휘
定期	dìngqī [띵치]	기한을 정하다, 정기(의)
定义	dìngyì [띵이]	정의(定義)
固定	gùdìng [꾸띵]	고정된, 고정하다
决定	juédìng [줴띵]	결정하다

총획 8획 필순 ⺀ ⺁ 宀 宀 宇 宇 定 定 안자 定 정할 정

róng [롱]

용서하다, 허락하다, 받아들이다

Tip 容 골짜기[谷]처럼 넓은 집[宀]에 많은 물건을 넣듯 얼굴에 온 갖 표정이 담기는 모양에서 '얼굴', '받아들이다'의 뜻이 됨.

상용어휘
容貌	róngmào [롱마오]	용모, 모습
容忍	róngrěn [롱런]	참고 견디다, 용인하다
容易	róngyì [롱이]	쉽다, 용이하다
内容	nèiróng [네이롱]	내용

총획 10획 필순 宀 宀 宀 宀 宀 容 容 안자 容 얼굴/받아들일 용

shí [스]

사실, 성실하다, 가득 차다, 열매

Tip 머리[头] 위에 모자[宀]를 쓴 모양에서 '사실', '실제로'라는 뜻이 됨.

상용어휘			
	实习	shíxí [스씨]	실습(하다)
	实行	shíxíng [스씽]	실행하다
	果实	guǒshí [궈스]	과실
	事实	shìshí [스스]	사실

총획 8획 　필순 丶丶宀宁宇实实　안자 實 열매 실

实 实 实 实 实 实 实 实 实 实 实 实 实

yīng [잉]

꽃, 재능이 출중한 사람, 영국

Tip 초목[艹]에서 가장 아름다운 꽃의 중심[央]인 '꽃부리'를 뜻함.

상용어휘			
	英国	Yīngguó [잉궈]	영국
	英里	yīnglǐ [잉리]	마일(mile)
	英文	yīngwén [잉원]	영문
	英雄	yīngxióng [잉씨옹]	영웅

총획 8획　필순 一艹艹艹艹苩英英　안자 英 꽃부리 영

英 英 英 英 英 英 英 英 英 英 英 英 英

苦

kǔ [쿠]

쓰다, 고통스럽다

Tip 苦 씀바귀[艹]는 오래 되면[古] 쓰다는 데서 '쓰다', '괴롭다'는 뜻을 나타냄.

상용어휘
苦处	kǔchu [쿠츄]	괴로운 점, 어려운 점
苦难	kǔnàn [쿠난]	고난
苦心	kǔxīn [쿠씬]	고심(하다)
苦战	kǔzhàn [쿠짠]	고전하다, 악전고투하다

총획 8획　**필순** 一 艹 艹 芏 芏 苦 苦　**한자** 苦 쓸/괴로울 고

劳

láo [라오]

피로하다, 고생하다

Tip 劳 위쪽은 '艹'와 '冖'으로 이루어져 있고, 아래쪽은 '力'이며, 노동은 반드시 힘을 내야 한다는 의미.

상용어휘
劳动	láodòng [라오똥]	노동(하다), 일(하다)
劳驾	láojià [라오찌아]	죄송합니다, 실례합니다
劳苦	láokǔ [라오쿠]	고생(하다), 수고(하다)
劳力	láolì [라오리]	노동력

총획 7획　**필순** 一 ナ 艹 艹 艹 艻 劳　**한자** 劳 일할 로

jié [지에]

기념일, 명절, (대의) 마디, 절약하다

Tip 대나무가 자라 나아감에 따라 생겨나는 마디의 모양에서 '마디', '절기'의 뜻이 됨.

상용어휘

节目	jiémù [지에무]	프로그램
节日	jiérì [지에르]	기념일, 경축일, 명절
节约	jiéyuē [지에위에]	절약하다, 아끼다
春节	Chūnjié [츈지에]	춘절, 설, 음력 정월 초하루

총획 5획　**필순** 一ナ艹艿节　**안자** 節 마디 절

chá [챠]

(마시는) 차

Tip 사람[人]이 풀[艹]이나 나무[木]의 잎을 달여 먹는 데서 '차', '차풀'의 뜻이 됨.

상용어휘

茶杯	chábēi [챠뻬이]	찻잔
茶壶	cháhú [챠후]	찻주전자
茶叶	cháyè [챠예]	찻잎
红茶	hóngchá [홍챠]	홍차

총획 9획　**필순** 一艹艹艾苓茶茶　**안자** 茶 차 다/차

cài [차이]

요리, 반찬, 채소

Tip 먹을 수 있는 풀[艹]을 캐는[采] 데서 '나물', '반찬', '캐다'의 뜻이 됨.

상용어휘
菜单	càidān [차이딴]	메뉴
菜园	càiyuán [차이위엔]	채소밭
白菜	báicài [바이차이]	배추
泡菜	pàocài [파오차이]	김치

총획 11획　**필순** 一 艹 艹 芓 苹 茎 菜 菜　**안자** 菜 나물 **채**

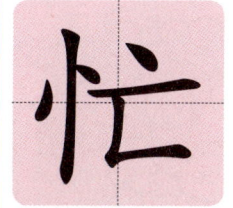

máng [망]

바쁘다

Tip 여러 가지 일에 마음[忄]이 흩어져[亡] 안정되지 않는 모양에서 '바쁘다'의 뜻이 됨.

상용어휘
忙乱	mángluàn [망루안]	바빠서 두서가 없다, 엉망이다
帮忙	bāngmáng [빵망]	일을 돕다, 원조하다
繁忙	fánmáng [판망]	번거롭고 바쁘다
急忙	jímáng [지망]	급하다, 바쁘다

총획 6획　**필순** 丶 丶 忄 忄 忙 忙　**안자** 忙 바쁠 **망**

差

chā, chà [차]
차이 나다

Tip 곡물의 이삭이 엇갈려[丷] 축 늘어진[𠂉(드리워질 수)] 모양에서 '다르다', '어긋나다'의 뜻이 됨.

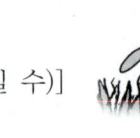

상용어휘			
	差别	chābié [챠비에]	차별, 구별
	差错	chācuò [챠추오]	착오, 실수
	差异	chāyì [챠이]	차이
	时差	shíchā [스챠]	시차

총획 9획	필순 丷 䒑 羊 差 差 差	한자 差 다를 차

着

zháo, zhe [쟈오, 져]
닿다, 부착하다, ~하고 있다

Tip 짐승 가운데 양[𦍌←羊]은 서로 찾으며[目] 무리를 이루어 산다는 데서 '붙다', '닿다'의 뜻이 됨.

상용어휘			
	着火	zháohuǒ [쟈오훠]	불나다, 불붙다
	着急	zháojí [쟈오지]	조급해하다, 안달하다
	着凉	zháoliáng [쟈오리앙]	감기에 걸리다
	怎么着	zěnmezhe [전머져]	어떻게 할 것인가, 어떻게 하다

총획 11획	필순 丷 䒑 𦍌 着 着	한자 着 붙을 착

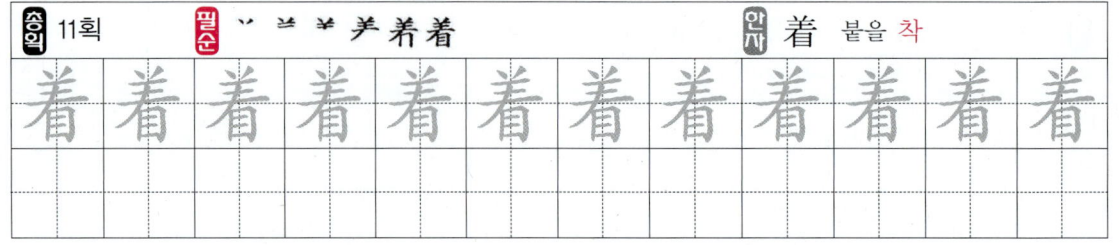

kàn, kān [칸]

보다

Tip 사람이 손[手]을 펴 눈[目] 위에 얹고 햇빛을 가리면서 멀리 바라보는 모양에서 '보다', '지키다'의 뜻이 됨.

상용어휘
看病	kànbìng [칸삥]	진찰하다, 진료하다
看见	kànjiàn [칸찌엔]	보다, 보이다
看来	kànlái [칸라이]	보아하니
看护	kānhù [칸후]	간호하다, 보살피다

총획 9획 | 필순 一 二 三 尹 尹 看 看 看 看 | 한자 看 볼 간

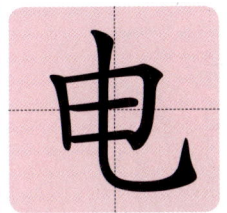

diàn [띠엔]

전기, 번개

Tip '日'은 태양이고, '乚'은 태양에서 방출되는 전파를 나타냄.

상용어휘
电话	diànhuà [띠엔화]	전화
电脑	diànnǎo [띠엔나오]	컴퓨터
电视	diànshì [띠엔스]	텔레비전
电梯	diàntī [디엔티]	엘리베이터

총획 5획 | 필순 一 口 日 日 电 | 한자 電 번개/전기 전

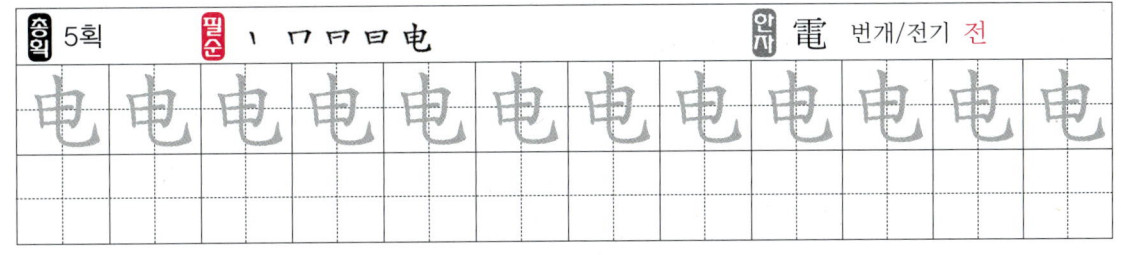

界

jiè [찌에]

경계, 분야, 범위

Tip 畍 밭[田]과 밭 사이[介]를 구분하기 위한 경계선으로, 구획을 나타내는 글자. '지경', '범위'의 뜻.

界限	jièxiàn [찌에씨엔]	한계, 경계
国界	guójiè [궈찌에]	국경선
外界	wàijiè [와이찌에]	외부, 외계
眼界	yǎnjiè [옌찌에]	시야, 견문

총획 9획 | 필순 ㅁ 日 田 田 罒 罘 罘 界 | 한자 界 지경 계

备

bèi [뻬이]

준비하다, 갖추다, 대비하다

Tip 俻 '备'와 '各'를 혼동하지 않도록 주의할 것.

备案	bèi'àn [뻬이안]	등록하다, 문건을 만들어 두다
备用	bèiyòng [뻬이용]	사용을 위해 준비해 두다
具备	jùbèi [쮜뻬이]	갖추다, 구비하다
准备	zhǔnbèi [쥰뻬이]	준비하다

총획 8획 | 필순 ノ ク 夂 冬 各 各 备 | 한자 備 갖출 비

留

liú [리우]

머무르다, 보류하다

Tip 畱 집의 문을 닫아걸고[卯] 멀리 있는 논밭[田]을 경작하는 모양에서 '머무르다', '묵다'의 뜻이 됨.

상용어휘
留存	liúcún [리우춘]	보존하다, 남겨두다
留念	liúniàn [리우니엔]	기념으로 남기다
留任	liúrèn [리우런]	유임하다, 연임하다
拘留	jūliú [쮜리우]	구류하다

총획 10획 필순 ㄣ ㄤ ㄣㄣ 卯 卯 呂 卯 留 留 한자 留 머무를 류

行

xíng, háng [씽, 항]

좋다, 여행하다, 행, 줄, 열, 직종

Tip 사람들이 왕래하는 네 거리의 모양을 본뜬 글자.

상용어휘
行动	xíngdòng [씽똥]	행동(하다)
行李	xíngli [씽리]	짐, 여행짐
旅行	lǚxíng [뤼싱]	여행(하다)
银行	yínháng [인항]	은행

총획 6획 필순 ㄣ ㄣ ㄔ ㄔ 行 行 한자 行 다닐 행 / 항렬 항

dé, de, děi [더, 데이]

얻다, ~해야 한다

Tip 得 왼쪽은 두 사람[彳] 편방이고, 오른쪽 아래 끝은 '寸'이지, '寸'이 아님에 주의할 것.

상용어휘		
得到	dédào [더따오]	얻다, 획득하다
得意	déyì [더이]	득의하다, 마음에 들다
值得	zhíde [즈더]	값에 상응하다, ~할 만한 가치가 있다
总得	zǒngděi [종데이]	어쨌든 ~해야 한다

총획 11획　필순 彳彳彳彳円得得得　한자 得 얻을 득

zhì [쯔]

만들다, 제조하다, 제정하다

Tip 制 왼쪽 위 '牛'는 소가죽을 가리키고, 아래 '巾'는 직물을, 오른쪽 '刂'는 칼을 가리킴. 합치면 옷을 만든다는 뜻이 됨.

상용어휘		
制度	zhìdù [쯔뚜]	제도
制品	zhìpǐn [쯔핀]	제품
制造	zhìzào [쯔짜오]	제조하다, 만들다
制止	zhìzhǐ [쯔즈]	제지(하다), 저지(하다)

총획 8획　필순 ノ ㄱ ㅑ ㅑ ㅑ 告 制　한자 制 마를 제

bié [비에]

이별하다, 구별하다, 차이, ~하지 마라

Tip 뼈와 살을 칼[刂]로 베어 각각 발라내는[另←冎] 모양에서 '다르다', '나누다'의 뜻을 나타냄.

상용어휘
别人	biérén [비에런]	다른 사람
差别	chābié [챠비에]	차별, 구별
分别	fēnbié [펀비에]	분별하다, 헤어지다, 차이
个别	gèbié [꺼비에]	개개의, 개별적인

총획 7획 필순 ノ 口 ロ 므 另 別 別 한자 別 다를/나눌 별

zhī [쯔]

알다, 이해하다

Tip 입[口]에서 나온 말을 화살[矢]처럼 빠르게 안다는 데서 '알다', '분별하다'의 뜻이 됨.

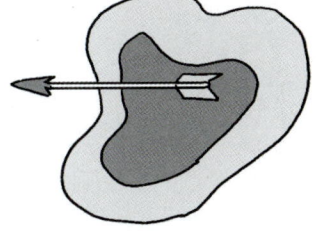

상용어휘
知道	zhīdào [쯔따오]	알다, 이해하다
知己	zhījǐ [쯔지]	막역하다, 절친하다
知识	zhīshi [쯔스]	지식
通知	tōngzhī [통쯔]	통지(하다)

총획 8획 필순 ノ 亠 チ 矢 矢 知 知 한자 知 알 지

yī [이]

치료하다, 의사

 화살[矢]이 몸 속[匚]으로 깊게 들어가면 반드시 치료해야 함을 의미.

상용어휘
医生	yīshēng [이성]	의사
医术	yīshù [이슈]	의술, 의료기술
医院	yīyuàn [이위엔]	병원
中医	zhōngyī [쯍이]	중국 의학, 한의사

총획 7획 필순 一 丆 丆 匚 至 至 医 한자 醫 의원 의

医 医 医 医 医 医 医 医 医 医 医 医 医

bān [빤]

가지, 종류, 일반, ~같은

 노[殳]를 저어 배[舟]를 움직이는 모양을 나타냄.

상용어휘
般配	bānpèi [빤페이]	어울리다, 짝이 맞다
般般	bānbān [빤빤]	이러저러한, 가지가지의
多般	duōbān [뚜오빤]	갖가지, 여러 가지
一般	yìbān [이빤]	보통이다, 같다, 일종의

총획 10획 필순 丿 几 月 舟 舟 船 般 般 한자 般 가지/일반 반

般 般 般 般 般 般 般 般 般 般 般 般 般

chuán [촨]

배

Tip 船 골짜기의 늪[㕣]이나 강을 오가는 운송 수단인 '배[舟]'를 뜻하는 글자.

상용어휘	飞船	fēichuán [페이촨]	우주선, 비행선
	划船	huá chuán [화촨]	배를 젓다
	客船	kèchuán [커촨]	객선
	轮船	lúnchuán [룬촨]	기선

총획 11획   필순 ノ ㄎ 月 月 舟 舟 舩 船   안자 船 배 선

duàn [똰]

단락, 구간, 구역

Tip 段 몽둥이 끝[耳]으로 물건을 칠[殳] 때 조각나며 층지는 모양에서 '조각', '층계'의 뜻이 됨.

상용어휘	段落	duànluò [똰루오]	단락
	段位	duànwèi [똰웨이]	단
	阶段	jiēduàn [찌에똰]	단계, 계단
	手段	shǒuduàn [쇼우똰]	수단, 방법

총획 9획   필순 ノ 亻 丆 阝 丣 㐰 段 段   안자 段 층계 단

263

 lǚ [뤼]

여행하다

Tip 군기[𠂉]를 따르는[⺕←從(좇을 종)] 많은 사람들의 모양에서, '여행자', '여행하다'의 뜻이 됨.

상용어휘
旅馆　　lǚguǎn　[뤼관]　　　여관
旅客　　lǚkè　　[뤼커]　　　여행객
旅行　　lǚxíng　[뤼씽]　　　여행(하다)
旅游　　lǚyóu　[뤼요]　　　여행(하다)

총획 10획　필순 丶 亠 方 𠂉 㫃 𣃚 旅 旅 旅　안자 旅 나그네 려

 yóu [요우]

헤엄치다, 유람하다

Tip 아이들이 깃발[斿]을 들고 다니며[氵] 노는 모양에서 '놀다', '떠돌다', '여행하다'의 뜻이 됨.

상용어휘
游客　　yóukè　　[요커]　　　여행객, 관광객
游戏　　yóuxì　　[요우씨]　　게임
游泳　　yóuyǒng　[요우용]　　수영(하다)
旅游　　lǚyóu　　[뤼요]　　　여행(하다)

총획 12획　필순 氵 氵 氵 汸 汸 游 游　안자 遊 놀 유

tóng [퉁]

동일하다, 함께

Tip 冋 여러 사람의 입[口]에서 나오는 의견이 겹쳐진다[冂]는 데서 '같다'의 뜻이 됨.

상용어휘
同伴	tóngbàn [퉁빤]	동료, 동반자
同时	tóngshí [퉁스]	동시에
同学	tóngxué [퉁쉐]	학우, 학교 친구
同意	tóngyì [퉁이]	동의(하다), 승인(하다)

총획 6획　**필순** 丨 冂 冂 冋 同 同　**안자** 同 한가지 동

yòng [용]

사용하다, 용도, 쓸모

Tip 用 가축을 기르는 우리의 울타리 모양을 본뜬 글자로, '쓰다', '사용하다'의 뜻.

상용어휘
用功	yònggōng [용꽁]	힘써 배우다, 열심히 공부하다
用途	yòngtú [용투]	용도
费用	fèiyòng [페이용]	비용
作用	zuòyòng [쭈오용]	작용(하다)

총획 5획　**필순** 丿 冂 冂 月 用　**안자** 用 쓸 용

ròu [로우]

고기

Tip 고깃덩이의 단면과 힘살의 모양을 본뜬 글자.

상용어휘
肉类	ròulèi [로우레이]	육류
烤肉	kǎoròu [카오로우]	불고기, 고기를 굽다
牛肉	niúròu [니우로우]	쇠고기
羊肉	yángròu [양로우]	양고기

총획 6획　**필순** ノ 冂 内 内 肉 肉　**안자** 肉 고기 육

肉 肉 肉 肉 肉 肉 肉 肉 肉 肉 肉 肉

bàn [빤]

절반, 1/2, 가운데의

Tip 단칼에 소[牛]를 반으로 자르듯이 물건을 둘로 나누는 [八] 모양에서, '절반', '1/2'의 뜻을 나타냄.

상용어휘
半岛	bàndǎo [빤다오]	반도
半球	bànqiú [빤치우]	반구
半天	bàntiān [빤티엔]	한나절, 한참
一半	yíbàn [이빤]	반, 절반

총획 5획　**필순** 丶 丷 ⺍ 兰 半　**안자** 半 반 반

半 半 半 半 半 半 半 半 半 半 半 半

píng [핑]

평평하다, 같다, 동등하다

Tip 平 저울과 비슷하고, 위쪽에 두 개의 사물을 올려놓은 모양을 본떠 '평평하다', '평안하다'의 뜻을 나타냄.

상용어휘
平常	píngcháng [핑창]	평소, 평상시
平等	píngděng [핑덩]	평등하다, 대등하다
平均	píngjūn [핑쮠]	평균의, 균등한
水平	shuǐpíng [쉐이핑]	수준

총획 5획 | 필순 一 ㄧ ㄅ 亙 平 | 한자 平 평평할 평

céng [청]

층, 겹

Tip 層 '层'자는 '尸', '云' 두 부분으로 나눌 수 있으며, 집 위에 거듭 집을 짓는 모양에서 '층', '겹', '거듭'의 뜻이 됨.

상용어휘
底层	dǐcéng [디청]	1층, 밑바닥, 하층
上层	shàngcéng [상청]	상층, 상부
下层	xiàcéng [씨아청]	하층
大气层	dàqìcéng [따치청]	대기층

총획 7획 | 필순 一 コ 尸 尸 写 层 层 | 한자 層 층 층

展

zhǎn [쟌]

펼치다, 넓히다

Tip 사람이 옷[衣]을 입고 편하게 누우면[尸(팔다리를 편 모양)] 옷이 펼쳐지는 데서, '펴다', '넓히다'의 뜻이 됨.

상용어휘

展开	zhǎnkāi [쟌카이]	펼치다, 펴다, 전개하다
展览	zhǎnlǎn [쟌란]	전람(하다), 전시(하다)
展示	zhǎnshì [쟌스]	전시하다, 드러내다, 나타내다
展望	zhǎnwàng [쟌왕]	전망(하다), 먼 곳을 보다

총획 10획　필순 ７尸尸屈屈屈展　안자 展 펼 전

查

chá [챠]

조사하다, 찾다

Tip 겹겹으로 포개진 나이테를 세어 몇 년 된 나무인지 알아내는 데서 '조사하다', '살피다'의 뜻이 됨.

상용어휘

查明	chámíng [챠밍]	조사하여 밝히다
调查	diàochá [띠아오챠]	조사하다
检查	jiǎnchá [지엔챠]	검사하다, 점검하다
搜查	sōuchá [소우챠]	수사하다, 수색하다

총획 9획　필순 一十ㅊ木杏杏杳查　안자 查 조사할 사

省

shěng, xǐng [셩, 씽]

아끼다, 줄이다, 반성하다

Tip 사물을 대할 때 하찮은[少] 것까지 눈여겨보는[目] 모양에서 '살피다', '줄이다'의 뜻이 됨.

상용어휘		
省会	shěnghuì [셩훼이]	성도(省都), 성 정부 소재지
省略	shěnglüè [셩뤼에]	생략(하다)
省心	shěngxīn [셩씬]	걱정을 덜다, 근심을 덜다
反省	fǎnxǐng [판씽]	반성하다

총획 9획　필순 ノ 丨 小 少 少 省 省　안자 省 살필 성 / 덜 생

香

xiāng [씨앙]

향기롭다, (음식이) 맛있다

Tip 입맛[日←甘(달 감)]을 돋우는 쌀[禾]밥의 고소한 냄새를 뜻하는 글자로, '향기', '향기롭다'의 뜻.

상용어휘		
香臭	xiāngchòu [씨앙쵸우]	향기와 악취, 좋고 나쁨
香蕉	xiāngjiāo [씨앙찌아오]	바나나
香味	xiāngwèi [씨앙웨이]	향, 향기
香油	xiāngyóu [씨앙요우]	참기름

총획 9획　필순 一 二 千 禾 禾 禾 香 香　안자 香 향기 향

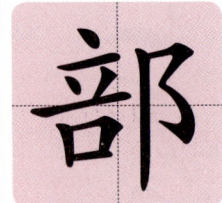

bù [뿌]

부분, 부위, 부(기관, 기업에서 업무에 따라 나눈 단위)

Tip 鄁 나라를 편하게 다스리기 위해 국토를 여러 고을[⻏ = 邑]로 나눈[音] 데서 '부분', '부'의 뜻이 됨.

상용어휘
部分	bùfen [뿌펀]	부분, 일부
部门	bùmén [뿌먼]	부문
部下	bùxià [뿌씨아]	부하
全部	quánbù [취엔뿌]	전부(의)

총획 10획   필순 ⼀ 龶 产 咅 音 部̌ 部   안자 部 떼 부

部 部 部 部 部 部 部 部 部 部 部 部

dōu, dū [또우, 뚜]

모두, 이미, 대도시

Tip 都 사람이 사는 마을[⻏ =邑] 중에서도 특히 많은 사람[者]들이 모여 사는 곳으로, '도읍', '서울', '도회지'의 뜻이 됨.

상용어휘
都城	dūchéng [뚜청]	수도
都会	dūhuì [뚜훼이]	대도시, 도시
都市	dūshì [뚜스]	대도시, 도시
首都	shǒudū [쇼우뚜]	수도

총획 10획   필순 ⼀ 十 土 耂 者 都̌ 都   안자 都 도읍 도

都 都 都 都 都 都 都 都 都 都 都 都

shōu [쇼우]

받다, 접수하다, 거두어들이다

Tip 이삭[니(이삭이 달린 모양)]을 쳐서[攵] 낟알을 거두는 모양에서 '거두다', '모으다'의 뜻이 됨.

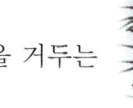

상용어휘			
收买	shōumǎi	[쇼우마이]	사들이다, 구입하다
收入	shōurù	[쇼우루]	받다, 받아들이다, 수입, 소득
收拾	shōushi	[쇼우스]	정돈하다, 정리하다
收音机	shōuyīnjī	[쇼우인지]	라디오

총획 6획 　필순 ㄣ ㄣ ㄣ ㄣ 收 收 收　　한자 收 거둘 **수**

shù, shǔ [슈]

수, 숫자, 계산하다

Tip '米, 女, 攵' 세 부분으로 구성된 글자.

상용어휘			
数量	shùliàng	[슈리앙]	수량, 양
数学	shùxué	[슈쉐]	수학
数字	shùzì	[슈쯔]	숫자
多数	duōshù	[뚜오슈]	다수

총획 13획 　필순 ⺌ ⺌ ⺌ 娄 娄 娄 数　　한자 數 셈 **수** / 자주 **삭**

jiāo, jiào [찌아오]

가르치다, 교육하다

Tip 손에 회초리를 들고 자식을 쳐서[攵] 좋은 일을 본받도록 인도하고[孝] 훈계한다 하여 '가르친다'의 뜻이 됨.

상용어휘		
教材	jiàocái [찌아오차이]	교재
教室	jiàoshì [찌아오스]	교실
教授	jiàoshòu [찌아오쇼우]	교수(하다), 가르치다
教堂	jiàotáng [찌아오탕]	교회

총획 11획 필순 土 耂 孝 孝 孝 教 教 안자 教 가르칠 교

shì [스]

도시, 시장

Tip 시장을 갈 때 수건[巾]을 두르고 간다[]는 데서 '시장'을 뜻함.

상용어휘		
市场	shìchǎng [스챵]	시장
市价	shìjià [스찌아]	시가, 시장가격
市长	shìzhǎng [스쟝]	시장
城市	chéngshì [청스]	도시

총획 5획 필순 亠 宀 亣 市 안자 市 저자 시

bù [뿌]

천, 베, 포, 배치하다

Tip 손[ナ]으로 천[巾]을 좍 펴는 모양에서 '베', '피륙', '펴다', '벌이다'의 뜻이 됨.

상용어휘			
布告	bùgào	[뿌까오]	게시문, 게시하다, 공고하다
分布	fēnbù	[펀뿌]	분포하다, 널려 있다
公布	gōngbù	[꽁뿌]	공포하다, 공표하다
瀑布	pùbù	[푸뿌]	폭포

총획 5획 | 필순 ノ ナ ナ 右 布 | 한자 布 베, 펼 포 / 보시 보

bāng [빵]

돕다, 무리

Tip '邦(bāng)'은 음을 나타냄.

상용어휘			
帮工	bānggōng	[빵꽁]	일손을 돕다, 일꾼, 품꾼
帮忙	bāngmáng	[빵망]	일을 돕다, 원조하다
帮派	bāngpài	[빵파이]	파벌, 집단
帮助	bāngzhù	[빵쮸]	돕다, 원조하다

총획 9획 | 필순 二 丰 邦 邦 邦 帮 帮 | 한자 幫 도울 방

cháng [창]

자주, 항상, 평소(의)

Tip 常 언제나 고상하게[尚] 옷[巾]을 입고 있는 사람의 모양에서 '항상', '떳떳하다'의 뜻이 됨.

상용어휘
常常	chángcháng [창창]	늘, 항상, 자주
常青	chángqīng [창칭]	늘 푸르다, 항상 변하지 않다
常识	chángshí [창스]	상식
正常	zhèngcháng [쪙창]	정상적인

총획 11획 **필순** 丷 ㅛ 屶 岇 岇 常 常 **한자** 常 떳떳할/항상 **상**

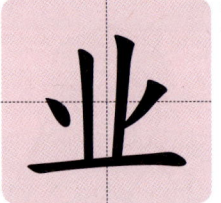

yè [예]

~업, 학업, 직업, 종사하다

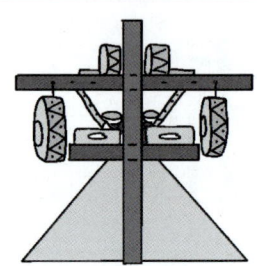

Tip 業 두 개의 세로획을 먼저 쓰고, 그 다음 두 개의 점을 쓰고, 마지막으로 가로획을 쓰며, 옛날에 종이나 북 따위를 거는 악기의 틀을 본뜬 글자.

상용어휘
业务	yèwù [예우]	업무
毕业	bìyè [삐예]	졸업(하다)
就业	jiùyè [찌우예]	취업하다, 취직하다
事业	shìyè [스예]	사업

총획 5획 **필순** 丨 ㅛ 业 业 业 **한자** 業 업 **업**

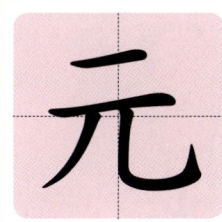

yuán [위엔]

시작의, 처음의, 주요한, 원(위안, 중국 화폐 단위)

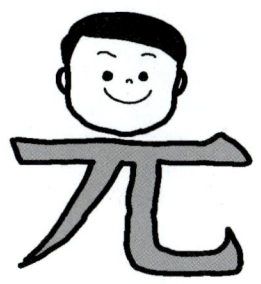

Tip 사람[儿] 몸의 윗부분[二]에 있는 머리가 으뜸이라는 데서, '머리', '으뜸'의 글자가 됨.

상용어휘
元旦	Yuándàn [위엔딴]	원단, 설날
元老	yuánlǎo [위엔라오]	원로
元气	yuánqì [위엔치]	원기, 정기
元首	yuánshǒu [위엔쇼우]	원수, 군주

총획 4획 **필순** 一 二 亍 元 **한자** 元 으뜸 원

guāng [꽝]

빛

Tip 사람[儿]이 치켜든 횃불[⺌]이 밝게 비치는 모양에서 '빛', '빛나다'의 뜻이 됨.

상용어휘
光滑	guānghuá [꽝화]	매끄럽다, 반들반들하다
光临	guānglín [꽝린]	왕림(하다)
光明	guāngmíng [꽝밍]	광명, 빛
光盘	guāngpán [꽝판]	CD

총획 6획 **필순** 光 **한자** 光 빛 광

dāng, dàng [땅]
담당하다, 타당하다, 마땅히 ~해야 한다

Tip 위쪽은 '⺌'이지, '小'와 '⺍'이 아님에 주의할 것.

상용어휘	当然	dāngrán [땅란]	당연하다, 당연히
	当时	dāngshí [땅스]	당시, 그때
	应当	yīngdāng [잉땅]	반드시 ~해야 한다
	正当	zhèngdàng [쪙땅]	정당하다

총획 6획 필순 丨丨丬⺌⺌当当 한자 當 마땅 당

当 当 当 当 当 当 当 当 当 当 当 当

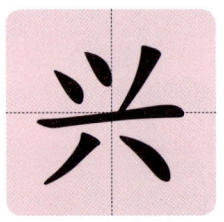

xīng, xìng [씽]
흥하다, 일으키다, 흥, 흥미

Tip '兴' 자 위에 '⺍'은 '应' 자의 아랫부분과 같음.

상용어휘	兴建	xīngjiàn [씽찌엔]	건설하다, 건축하다
	兴起	xīngqǐ [씽치]	흥기하다, 세차게 일어나다
	兴趣	xìngqù [씽취]	흥미
	高兴	gāoxìng [까오씽]	기뻐하다, 즐거워하다

총획 6획 필순 丶丷⺍⺍兴兴 한자 興 일 흥

兴 兴 兴 兴 兴 兴 兴 兴 兴 兴 兴 兴

276

suì [쒜이]

살, 세

Tip 歲 '岁'는 '山'와 '夕'로 이루어진 글자.

상용어휘
岁末	suìmò [쒜이모]	연말
岁月	suìyuè [쒜이위에]	세월
年岁	niánsuì [니엔쒜이]	나이, 연령, 시대
万岁	wànsuì [완쒜이]	만세

총획 6획　**필순** 丨 山 屵 岁 岁 岁　**안자** 歲 해 세

duō [뚜오]

많다

Tip 多 어젯밤과 오늘밤, 그리고 내일 밤[夕]이 거듭 쌓여[多] 지난 날이 많아지는 데서 '많아지다'의 뜻이 됨.

상용어휘
多么	duōme [뚜오머]	얼마나, 어느 정도
多少	duōshǎo / duōshao [뚜오샤오]	많고 적음, 조금 / 얼마, 몇
多数	duōshù [뚜오슈]	다수
至多	zhìduō [쯔뚜오]	많아야, 기껏해야

총획 6획　**필순** 丿 夕 夕 多 多　**안자** 多 많을 다

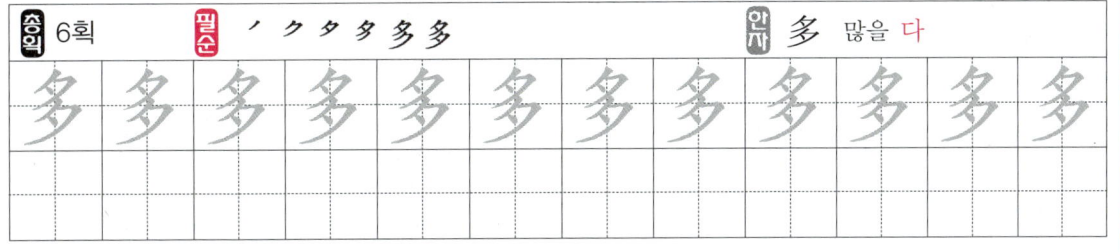

xì, jì [씨, 찌]

학과, 묶다, 매다

Tip 사람이 일의 선후와 그 관계를 맺는 데서 '잇다', '매다'의 뜻이 됨.

상용어휘
系统	xìtǒng [씨통]	체계, 시스템
关系	guānxi [꽌씨]	관계
联系	liánxì [리엔씨]	연락하다, 연관짓다, 결부하다
体系	tǐxì [티씨]	체계, 체제

총획 7획   **필순** 丶ノ工幺幺系系   **안자** 係 맬 계 / 繫 맬 계

jǐn [진]

팽팽하다, 긴급하다

Tip 아래쪽은 ''이지, '系(xì)'가 아님에 주의할 것.

상용어휘
紧急	jǐnjí [진지]	긴급하다, 긴박하다
紧密	jǐnmì [진미]	긴밀하다, 밀접하다
紧要	jǐnyào [진야오]	중요하다, 요긴하다
紧张	jǐnzhāng [진쨩]	긴장해 있다, 불안하다

총획 10획   **필순** 丨丨乛坚坚坚紧   **안자** 緊 긴할 긴

易

yì [이]

쉽다, 바꾸다

Tip 易 머리[日]와 몸뚱이[勿]에서 광채[彡]가 나고, 햇빛에 몸 빛깔이 잘 변하는 도마뱀을 본뜬 글자로, '바꾸다', '쉽다'의 뜻.

상용어휘
简易	jiǎnyì	[지엔이]	간편하다, 간단하고 쉽다
交易	jiāoyì	[찌아오이]	거래(하다), 교역(하다)
贸易	màoyì	[마오이]	무역, 교역
容易	róngyì	[롱이]	쉽다, 용이하다

총획 8획　**필순** 丨 冂 日 旦 旦 昜 易 易　**한자** 易 바꿀 역 / 쉬울 이

易 易 易 易 易 易 易 易 易 易 易 易

场

chǎng [창]

장소, 곳

Tip 场 오른쪽은 '勿(wù)'가 아니고, '㐅'임에 주의할 것.

상용어휘
场地	chǎngdì	[창띠]	장소, 마당, 운동장
场面	chǎngmiàn	[창미엔]	장면, 신(scene)
操场	cāochǎng	[차오창]	운동장
市场	shìchǎng	[스창]	시장

총획 6획　**필순** 一 十 土 圹 场 场　**한자** 场 마당 장

场 场 场 场 场 场 场 场 场 场 场 场

chǎn [챤]

생산하다, 낳다, 생산품

Tip 아래쪽은 물건을 생산하는 공장[厂]을 나타냄.

상용어휘
产地	chǎndì [챤띠]	생산지
产妇	chǎnfù [챤푸]	임산부
财产	cáichǎn [차이챤]	재산, 자산
生产	shēngchǎn [성챤]	생산하다, 출산하다

총획 6획　필순 丶 亠 产 产 产 产　한자 産 낳을 산

shāng [샹]

상인, 상업, 상의하다

Tip 고지대[冏←冂(높은)+口(곳)]에서 살며 행상하던 상[商] 나라 사람이 셈에 밝았던[艹←章(밝을 장)] 데서 '장사', '헤아리다'의 뜻이 됨.

상용어휘
商店	shāngdiàn [샹띠엔]	상점, 판매점
商品	shāngpǐn [샹핀]	상품
商人	shāngrén [샹런]	상인
商业	shāngyè [샹예]	상업

총획 11획　필순 亠 ㅗ 产 产 产 商 商　한자 商 장사 상

찾아보기

◆ 한어병음 순으로 찾아보기/282

◆ 총획 순으로 찾아보기/286

한어병음 순으로 찾아보기

	A			bù	不	76		dài	大	42		ěr	耳	17
ài	爱	72		bù	部	270		dài	代	243		èr	二	6
ān	安	82		bù	布	273		dài	带	209				
àn	按	83						dàn	但	241			F	
					C			dāng	当	276				
	B							dàng	当	276		fā	发	19
				cái	才	202		dǎo	导	217		fǎ	法	102
bā	八	9		cài	菜	255		dǎo	倒	102		fà	发	19
bā	吧	90		cān	参	216		dào	到	101		fǎn	反	70
bǎ	把	91		cǎo	草	26		dào	倒	102		fàn	饭	70
bà	爸	40		céng	层	267		dào	道	226		fāng	方	113
ba	吧	90		chá	查	268		dé	得	260		fáng	房	114
bái	白	48		chá	茶	254		de	地	31		fàng	放	114
bǎi	百	64		chā	差	256		de	的	221		fēi	飞	205
bān	般	263		chà	差	256		de	得	260		fēi	非	55
bàn	办	122		chǎn	产	280		děi	得	260		fēn	分	132
bàn	半	266		cháng	常	274		děng	等	224		fèn	分	132
bāng	帮	273		cháng	长	45		dī	低	45		fēng	风	32
bāo	包	171		chǎng	场	279		dí	的	221		fū	夫	40
bào	报	193		chǎng	厂	166		dì	地	31		fú	服	208
bào	抱	172		chàng	唱	66		dì	弟	38		fú	福	190
bēi	杯	77		chē	车	148		dì	的	221		fǔ	府	168
běi	北	21		chéng	成	244		dì	第	223		fù	复	210
bèi	倍	245		chī	吃	66		diǎn	点	116		fù	父	37
bèi	备	258		chóng	重	44		diàn	电	257				
bèi	被	174		chū	出	53		dìng	定	251			G	
běn	本	59		chuán	船	263		dōng	东	19				
bí	鼻	17		chuáng	床	167		dòng	动	123		gāi	该	227
bǐ	比	149		cí	词	116		dōu	都	270		gǎi	改	139
bǐ	笔	223		cǐ	此	150		dū	都	270		gān	干	79
bì	必	100		cì	次	236		dú	读	230		gǎn	感	165
biān	边	121		cóng	从	56		duǎn	短	46		gàn	干	79
biàn	变	211		cuò	错	248		duàn	段	263		gāo	高	44
biàn	便	153						duì	对	69		gào	告	201
biǎo	表	175			D			duō	多	277		gē	哥	41
bié	别	261										gè	个	134
bìng	并	146		dā	答	157			E			gè	各	111
bìng	病	213		dá	答	157						ge	个	134
bù	步	217		dǎ	打	193		ér	儿	92		gěi	给	156
				dà	大	42		ér	而	232		gēn	跟	136

282

gēng	更	153	huáng	黄	220	jié	结	197	lā	拉	194
gèng	更	153	huí	回	240	jié	节	254	lái	来	50
gōng	工	86	huì	会	133	jiě	姐	39	láo	劳	253
gōng	公	133	huó	活	129	jiě	解	185	lǎo	老	36
gòng	共	206	huǒ	火	12	jiè	界	258	le	了	74
gòu	够	222	huò	或	244	jiè	借	248	lěng	冷	237
gǔ	古	55	huo	和	118	jīn	今	56	lí	离	211
gù	故	175				jīn	金	13	lǐ	里	178
guān	关	147		**J**		jǐn	紧	278	lǐ	李	75
guān	观	110				jìn	近	47	lǐ	理	178
guāng	光	275	jī	鸡	28	jìn	进	130	lì	力	120
guǎng	广	167	jī	几	92	jīng	京	234	lì	历	121
guì	贵	182	jī	机	93	jīng	经	197	lì	例	246
guó	国	241	jí	极	186	jīng	精	145	lì	利	119
guǒ	果	61	jí	级	186	jiǔ	九	10	lì	立	160
guò	过	226	jí	急	73	jiù	就	235	lián	连	148
			jǐ	给	156	jù	句	221	liàn	练	198
	H		jǐ	几	92	jué	角	185	liáng	凉	235
			jǐ	己	138	jué	觉	110	liáng	量	179
hái	还	77	jì	计	228	jué	决	236	liǎng	两	57
hǎi	海	30	jì	系	278	jūn	军	149	liàng	量	179
Hàn	汉	68	jì	记	140				liǎo	了	74
háng	行	259	jiā	加	123		**K**		lín	林	59
háo	号	237	jiā	家	250				lǐng	领	177
hǎo	好	81	jiān	间	96	kāi	开	146	lìng	令	176
hào	号	237	jiǎn	简	97	kān	看	257	liú	留	259
hào	好	81	jiàn	间	96	kàn	看	257	liú	流	247
hé	何	115	jiàn	件	242	kǎo	考	151	liù	六	8
hé	河	29	jiàn	建	219	kē	科	120	lù	路	112
hé	合	155	jiàn	见	108	kě	可	115	lùn	论	231
hé	和	118	jiāng	江	30	kě	渴	247	lǚ	旅	264
hè	和	118	jiāng	将	214	kè	客	112			
hēi	黑	47	jiǎng	讲	129	kè	课	231		**M**	
hěn	很	135	jiàng	将	214	kè	克	233			
hóng	红	198	jiāo	交	154	kōng	空	250	mā	妈	41
hòu	后	22	jiāo	教	272	kòng	空	250	má	吗	89
hòu	候	245	jiǎo	角	185	kǒu	口	16	mǎ	马	28
huā	花	26	jiǎo	觉	110	kū	哭	130	mǎ	吗	89
huá	华	171	jiào	较	155	kǔ	苦	253	ma	吗	89
huà	化	170	jiào	校	154	kuài	块	134	mǎi	买	52
huà	画	200	jiào	教	272	kuài	快	135	mài	卖	53
huà	话	128	jiào	叫	65				màn	慢	214
huài	坏	78	jiē	结	197		**L**		máng	忙	255
huán	还	77	jiē	接	194				máo	毛	18

283

me	么	204	pián	便	153	**S**			shù	术	60
méi	没	140	piàn	片	203				shuāng	双	67
měi	每	212	píng	平	267	sān	三	7	shuí	谁	105
měi	美	94				sè	色	91	shuǐ	水	12
mèi	妹	39		**Q**		shān	山	29	shuō	说	230
mén	门	95				shào	绍	196	sī	思	164
mén	们	95	qī	期	170	shāng	商	280	sǐ	死	52
mǐ	米	62	qī	七	9	shàng	上	23	sì	四	7
miàn	面	200	qǐ	起	139	shǎo	少	36	sòng	送	147
mín	民	215	qí	其	169	shào	少	36	sù	诉	229
míng	名	111	qì	气	162	shè	社	189	suàn	算	224
míng	明	63	qì	汽	162	shè	设	141	suī	虽	238
mìng	命	157	qì	器	131	shéi	谁	105	suì	岁	277
mò	末	61	qiān	千	80	shēn	身	215	suǒ	所	219
mò	没	140	qián	前	21	shēn	参	216			
mǔ	母	37	qiě	且	107	shén	神	190		**T**	
mù	木	13	qiè	切	220	shén	什	242			
mù	目	107	qīn	亲	184	shēng	生	51	tā	它	84
			qīng	轻	43	shēng	声	218	tā	他	85
	N		qīng	青	143	shěng	省	269	tā	她	86
			qīng	清	144	shèng	胜	127	tài	太	42
ná	拿	156	qíng	情	144	shī	师	209	tán	谈	232
nǎ	哪	105	qǐng	请	145	shí	石	32	tè	特	192
nà	那	104	qiú	求	179	shí	时	64	tí	提	188
na	哪	105	qiú	球	180	shí	识	125	tí	题	189
nán	难	106	qǔ	取	71	shí	实	252	tǐ	体	60
nán	南	20	qù	去	100	shí	十	10	tiān	天	31
nán	男	35	quán	全	87	shí	什	242	tiáo	条	212
nàn	难	106	què	却	101	shǐ	史	152	tīng	听	65
ne	呢	90				shǐ	使	152	tōng	通	225
nèi	内	25		**R**		shǐ	始	82	tóng	同	265
nèi	那	104				shì	事	216	tóu	头	15
néng	能	207	rán	然	118	shì	世	207	tú	图	239
nǐ	你	84	ràng	让	227	shì	市	272	tǔ	土	14
nián	年	206	rè	热	117	shì	视	109			
niàn	念	164	rén	人	14	shì	是	54		**W**	
niǎo	鸟	27	rèn	认	58	shì	式	243			
nóng	农	173	rì	日	11	shōu	收	271	wài	外	25
nǚ	女	35	róng	容	251	shǒu	手	15	wán	完	180
			ròu	肉	266	shòu	受	72	wǎn	晚	49
	P		rú	如	81	shū	书	203	wàn	万	113
			rù	入	54	shǔ	数	271	wáng	王	87
pǎo	跑	172				shù	束	234	wǎng	往	49
péng	朋	137				shù	数	271	wàng	忘	166

284

wàng	望	208	xǐng	省	269	yǒu	友	68	zhī	只	124
wéi	为	122	xìng	性	128	yòu	右	23	zhī	知	261
wèi	为	122	xìng	姓	127	yú	鱼	27	zhí	直	183
wèi	位	160	xìng	兴	276	yú	于	80	zhì	制	260
wén	文	103	xiōng	兄	38	yǔ	语	229	zhǐ	只	124
wén	闻	97	xiū	休	58	yǔ	与	141	zhǐ	纸	196
wèn	问	96	xū	须	187	yǔ	雨	33	zhǐ	指	195
wǒ	我	83	xū	需	233	yuán	元	275	zhì	志	165
wú	无	51	xǔ	许	143	yuán	园	239	zhì	治	246
wǔ	五	8	xuǎn	选	126	yuán	员	181	zhōng	中	24
wǔ	午	142	xué	学	76	yuán	圆	182	zhǒng	种	119
wù	务	124	xuě	雪	34	yuán	原	169	zhòng	中	24
wù	物	191				yuǎn	远	46	zhòng	种	119
						yuàn	院	181	zhòng	众	57
	X			**Y**		yuē	约	195	zhòng	重	44
						yuè	月	11	zhǔ	主	88
xī	西	20	yán	言	62	yuè	越	249	zhù	住	89
xí	习	204	yǎn	眼	18	yún	云	33	zhù	注	88
xǐ	洗	126	yǎng	养	94	yùn	运	225	zhù	祝	191
xì	系	278	yàng	样	93				zhuāng	装	174
xià	下	24	yāo	么	204		**Z**		zhǔn	准	106
xiān	先	125	yāo	要	218				zǐ	子	74
xiàn	现	109	yào	要	218	zài	再	137	zì	字	75
xiāng	相	163	yě	也	85	zài	在	201	zì	自	136
xiāng	香	269	yè	夜	210	zǎo	早	48	zi	子	74
xiǎng	想	163	yè	业	274	zěn	怎	99	zǒng	总	238
xiǎng	响	132	yī	一	6	zhǎn	展	268	zǒu	走	249
xiàng	相	163	yī	衣	173	zhāng	张	213	zú	足	16
xiàng	象	199	yī	医	262	zhǎng	长	45	zǔ	组	108
xiàng	像	199	yǐ	已	138	zháo	着	256	zuì	最	71
xiàng	向	131	yǐ	以	202	zhǎo	找	192	zuó	昨	98
xiǎo	小	43	yì	易	279	zhào	照	117	zuǒ	左	22
xiào	校	154	yì	义	205	zhě	者	151	zuò	作	98
xiào	笑	222	yì	意	161	zhè	这	104	zuò	坐	78
xiē	些	150	yīn	音	161	zhe	着	256	zuò	座	79
xiě	写	142	yīn	因	240	zhēn	真	183	zuò	做	176
xiè	谢	228	yīng	英	252	zhēng	正	158			
xīn	心	99	yīng	应	168	zhēng	争	73			
xīn	新	184	yǐng	影	188	zhěng	整	159			
xìn	信	63	yìng	应	168	zhèng	正	158			
xīng	星	34	yòng	用	265	zhèng	证	158			
xīng	兴	276	yóu	由	177	zhèng	政	159			
xíng	行	259	yóu	游	264	zhī	之	103			
xíng	形	187	yǒu	有	50	zhī	支	69			
			yòu	又	67						

총획 순으로 찾아보기

1획	一 6									
2획	八 9	厂 166	儿 92	二 6	几 92	九 10	力 120	了 74	七 9	人 14
	入 54	十 10	又 67							
3획	才 202	大 42	飞 205	干 79	个 134	工 86	广 167	己 138	口 16	马 28
	么 204	门 95	女 35	千 80	三 7	山 29	上 23	土 14	万 113	习 204
	下 24	小 43	也 85	已 138	义 205	于 80	与 141	之 103	子 74	
4획	办 122	比 149	不 76	长 45	车 148	从 56	反 70	方 113	分 132	风 32
	夫 40	父 37	公 133	化 170	火 12	计 228	见 108	今 56	开 146	历 121
	六 8	毛 18	木 13	内 25	片 203	气 162	切 220	认 58	日 11	少 36
	什 242	手 15	书 203	双 67	水 12	太 42	天 31	王 87	为 122	文 103
	无 51	五 8	午 142	心 99	以 202	友 68	元 275	月 11	云 33	支 69
	中 24									
5획	白 48	半 266	包 171	北 21	本 59	必 100	边 121	布 273	出 53	打 193
	代 243	电 257	东 19	对 69	发 19	古 55	汉 68	号 237	记 140	加 123
	叫 65	节 254	句 221	可 115	立 160	令 176	们 95	民 215	末 61	母 37
	目 107	鸟 27	平 267	且 107	去 100	让 227	生 51	石 32	史 152	世 207
	市 272	术 60	四 7	他 85	它 84	头 15	外 25	务 124	写 142	兄 38
	业 274	用 265	由 177	右 23	正 158	只 124	主 88	左 22		
6획	安 82	百 64	并 146	产 280	场 279	成 244	吃 66	此 150	次 236	当 276
	导 217	地 31	动 123	多 277	而 232	耳 17	各 111	共 206	关 147	观 110
	光 275	过 226	行 259	好 81	合 155	红 198	后 22	华 171	回 240	会 133
	机 93	级 186	件 242	江 30	讲 129	交 154	决 236	军 149	考 151	老 36
	论 231	妈 41	吗 89	买 52	忙 255	米 62	名 111	那 104	年 206	农 173
	全 87	肉 266	如 81	色 91	设 141	师 209	式 243	收 271	死 52	岁 277
	她 86	同 265	问 96	西 20	先 125	向 131	兴 276	休 58	许 143	衣 173
	因 240	有 50	约 195	再 137	在 201	早 48	争 73	众 57	自 136	字 75
7획	把 91	吧 90	报 193	别 261	步 217	层 267	床 167	词 116	但 241	低 45
	弟 38	饭 70	改 139	告 201	更 153	还 77	何 115	花 26	坏 78	鸡 28
	极 186	间 96	角 185	进 130	近 47	克 233	块 134	快 135	来 50	劳 253
	冷 237	李 75	里 178	利 119	连 148	两 57	没 140	每 212	男 35	你 84

	汽 162	求 179	却 101	社 189	身 215	声 218	时 64	识 125	束 234	诉 229
	体 60	条 212	听 65	完 180	忘 166	位 160	我 83	系 278	形 187	言 62
	医 262	应 168	员 181	园 239	远 46	运 225	张 213	找 192	这 104	证 158
	纸 196	志 165	住 89	走 249	足 16	作 98	坐 78			
8획	爸 40	抱 172	杯 77	备 258	变 211	表 175	参 216	到 101	的 221	定 251
	法 102	房 114	放 114	非 55	服 208	府 168	该 227	国 241	果 61	和 118
	河 29	画 200	话 128	或 244	建 219	姐 39	金 13	京 234	经 197	空 250
	苦 253	拉 194	例 246	练 198	林 59	卖 53	妹 39	明 63	命 157	呢 90
	念 164	朋 137	其 169	青 143	取 71	绍 196	实 252	使 152	始 82	事 216
	视 109	受 72	所 219	图 239	往 49	物 191	现 109	些 150	性 128	姓 127
	学 76	夜 210	易 279	英 252	鱼 27	雨 33	者 151	知 261	直 183	制 260
	治 246	注 88	组 108							
9획	按 83	帮 273	便 153	草 26	差 256	茶 254	查 268	重 44	带 209	点 116
	段 263	复 210	给 156	故 175	贵 182	很 135	活 129	急 73	将 214	觉 110
	结 197	界 258	看 257	科 120	客 112	美 94	面 200	哪 105	南 20	前 21
	亲 184	轻 43	神 190	省 269	胜 127	是 54	说 230	思 164	送 147	虽 238
	闻 97	洗 126	相 163	香 269	信 63	星 34	须 187	选 126	响 132	要 218
	养 94	音 161	语 229	院 181	怎 99	指 195	政 159	种 119	祝 191	总 238
	昨 98									
10획	爱 72	般 262	倍 245	被 174	笔 223	病 213	部 270	倒 102	都 270	读 230
	高 44	哥 41	海 30	候 245	家 250	较 155	借 248	紧 278	课 231	哭 130
	离 211	凉 235	留 259	流 247	旅 264	拿 156	难 106	能 207	起 139	请 145
	热 117	容 251	谁 105	谈 232	特 192	通 225	校 154	笑 222	样 93	原 169
	圆 182	展 268	真 183	准 106	座 79					
11획	菜 255	常 274	唱 66	船 263	得 260	第 233	够 222	黄 220	教 272	接 194
	理 178	领 177	清 144	情 144	球 180	商 280	晚 49	望 208	象 199	雪 34
	眼 18	着 256	做 176							
12획	答 157	道 226	等 224	短 46	黑 47	就 235	渴 247	量 179	跑 172	期 170
	然 118	提 188	谢 228	游 264	越 249	装 174	最 71			
13획	错 248	福 190	感 165	跟 136	简 97	解 185	路 112	数 271	想 163	像 199
	新 184	意 161	照 117							
14획	鼻 17	精 145	慢 214	算 224	需 233					
15획	题 189	影 188								

쓰면서 익히는
중국어 간체자 550

초판 1쇄 발행 2017년 2월 15일
4쇄 발행 2022년 10월 15일

발행인 박해성
발행처 정진출판사
지은이 이지랭기지 스터디
편집 김양섭, 조윤수
기획마케팅 이훈, 박상훈, 이민희
표지디자인 디자인상상
출판등록 1989년 12월 20일
주소 136-130 서울특별시 성북구 화랑로 119-8
전화 02-917-9900
팩스 02-917-9907
홈페이지 www.jeongjinpub.co.kr

ISBN 978-89-5700-140-0 *13720

- 본 책은 저작권법에 따라 한국 내에서 보호받는 저작물이므로 무단전재와 복제를 금합니다.
- 이 도서의 국립중앙도서관 출판예정도서목록(CIP)은 서지정보유통지원시스템 홈페이지(http://seoji.nl.go.kr)와 국가자료공동목록시스템(http://www.nl.go.kr/kolisnet)에서 이용하실 수 있습니다.
  (CIP제어번호: CIP2017001002)
- 파본은 교환해 드립니다. 책값은 뒤표지에 있습니다.